Zhongguo Wenhua
Zhishi Duben

中国文化知识读本

古代婚姻

主编　金开诚

编著　王娜

吉林出版集团有限责任公司

吉林文史出版社

图书在版编目（CIP）数据

古代婚姻 / 王娜编著 .—长春：吉林出版集团有
限责任公司：吉林文史出版社，2009.12（2022.1 重印）
（中国文化知识读本）
ISBN 978-7-5463-1572-0

Ⅰ.①古… Ⅱ.①王… Ⅲ.①婚姻 – 风俗习惯史 – 中
国 – 古代 Ⅳ.① K892.22

中国版本图书馆 CIP 数据核字（2009）第 236908 号

古代婚姻

GUDAI HUNYIN

主编/ 金开诚 编著/王娜

项目负责/崔博华 责任编辑/崔博华 曹恒

责任校对/袁一鸣 装帧设计/曹恒

出版发行/吉林文史出版社 吉林出版集团有限责任公司

地址/长春市人民大街4646号 邮编/130021

电话/0431-86037503 传真/0431-86037589

印刷/三河市金兆印刷装订有限公司

版次/2009 年 12 月第 1 版 2022 年 1 月第 6 次印刷

开本/650mm×960mm 1/16

印张/8 字数/30千

书号/ISBN 978-7-5463-1572-0

定价/34.80元

关于《中国文化知识读本》

　　文化是一种社会现象，是人类物质文明和精神文明有机融合的产物；同时又是一种历史现象，是社会的历史沉积。当今世界，随着经济全球化进程的加快，人们也越来越重视本民族的文化。我们只有加强对本民族文化的继承和创新，才能更好地弘扬民族精神，增强民族凝聚力。历史经验告诉我们，任何一个民族要想屹立于世界民族之林，必须具有自尊、自信、自强的民族意识。文化是维系一个民族生存和发展的强大动力。一个民族的存在依赖文化，文化的解体就是一个民族的消亡。

　　随着我国综合国力的日益强大，广大民众对重塑民族自尊心和自豪感的愿望日益迫切。作为民族大家庭中的一员，将源远流长、博大精深的中国文化继承并传播给广大群众，特别是青年一代，是我们出版人义不容辞的责任。

　　《中国文化知识读本》是由吉林出版集团有限责任公司和吉林文史出版社组织国内知名专家学者编写的一套旨在传播中华五千年优秀传统文化，提高全民文化修养的大型知识读本。该书在深入挖掘和整理中华优秀传统文化成果的同时，结合社会发展，注入了时代精神。书中优美生动的文字、简明通俗的语言、图文并茂的形式，把中国文化中的物态文化、制度文化、行为文化、精神文化等知识要点全面展示给读者。点点滴滴的文化知识仿佛繁星，组成了灿烂辉煌的中国文化的天穹。

　　希望本书能为弘扬中华五千年优秀传统文化、增强各民族团结、构建社会主义和谐社会尽一份绵薄之力，也坚信我们的中华民族一定能够早日实现伟大复兴！

目录

一 氏族社会的婚姻状况..................................001

二 关于先秦女子的亡国论..................................013

三 贞节的产生与文君私奔..................................027

四 门第与宗教对婚姻的影响..................................035

五 武则天的婚姻与缠足..................................053

六 理学盛行时代的婚姻..................................073

七 贞节牌坊背后的心酸..................................083

八 封建社会末期婚姻的变化..................................091

九 古代婚姻的礼俗变迁..................................099

一 氏族社会的婚姻状况

原始社会并没有形成婚姻制度

男女婚姻的配合，是自然界的法则，也是人性的需要。只不过人把婚姻这个词语社会化了，赋予它科学和文化的内容。

（一）杂婚和血缘婚

在距今大约三四万年前的母系氏族社会时期，在原始人群之中，两性关系还只是杂乱的性交关系，此时还没有形成婚姻制度，每一个女子属于每一个男子，每一个男子也同样属于每一个女子。这种杂婚现在已经不存在了，但在古代传说中可以找到一些痕迹——性行为随意、杂乱没有固定配偶的婚姻形式。在远古时期，没有任何规范性的婚姻制度，生活在一起的原始部落，是一个劳动生活单位同时也是繁殖机构。群体内的杂乱性交是猿人繁殖后代的根本方式，部落内成年女子都是成年男子的妻子，反之成年男子也是所有成年女子的丈夫。因而在当时，兄弟姐妹、父母子女之间发生性行为是无法避免的，也是正常的。这种杂乱的性行为自然而然地形成了杂婚。《吕氏春秋·恃君览》中说："昔太古尝无君矣，其民聚生群处，知母不知父，无亲戚兄弟夫妻男女之别，无上下长幼之道，无进退揖让之礼……"远古时候没有君主，民众都生活在一起，孩子只知道自己的母亲是谁，而不知道谁是自己的父亲，没有亲戚兄弟姐妹、夫妻之间的分别，更没有上下之分，也没有进退让步的礼节。在这种杂婚的风俗之下，很难形成任何家族。由于母系延续着下一代的生命，母权起着重要的作用。在我们国家，距今约一百七十万年的元谋人以及后来的蓝田人、北京人，大致都处于这个阶段。

原始部落生活场景

从原始杂婚进入血缘婚后，已经逐渐排斥不同辈分的杂婚。"血缘婚"是以同胞兄弟和姐妹之间的结婚为基础的，随着婚姻制

婚床

度的扩大，才逐渐把旁系兄弟姐妹包括在婚姻范围之内。血缘婚是杂婚的进一步发展，是一种排斥父女辈、母子辈以同胞兄弟和姐妹之间婚姻作为基础的一种婚俗制。在这里，婚姻群体是按照辈份来划分的，同辈男女之间既是兄弟姐妹，又是夫妻，一群兄弟与姐

古代婚姻

妹互相共夫或者共妻，子女为群体共有，把男子的长辈作为共同的父亲。一个兄弟有多少直系或者旁系姐妹，就有多少妻子，反过来，一个姐妹有多少个直系或者旁系的兄弟，也就有多少个丈夫。随着这种婚姻群体由直系同胞向所有的旁系同辈扩展开来，便形成了人类最早的社会组织形式，即血缘家族。血缘婚是从杂婚迈向群婚制的一个过渡。祖先与子孙之间、父母与子女之间的杂乱性交被排除了，这是婚姻史上的一大进步。据今约二三十万年的马坝人、长阳人和丁村人，实行的就是这种婚俗。由于这种婚姻形式是

氏族社会的婚姻状况

近亲婚配，后代容易有遗传病，随着自然选择的作用逐步为人类所认识，乱婚制逐步为人类所否定。

（二）多偶婚和对偶婚

血缘婚在人类历史上存在过很长一段时间之后，就被多偶婚代替了，多偶婚就是摩尔根在《古代社会》中所说的普那路亚家族，这个名称是由夏威夷的普那路亚亲属关系而来的。多偶婚排除了兄弟姐妹间的通婚，一群兄弟与另一群妹的通婚，兄弟共妻，女子共夫，女子之间互为"普那路亚"（意思是亲密伙伴）；同样，一群姐妹与另一群兄弟

原始人群生活无序，避免不了近亲婚配

古代婚姻

花轿

通婚,姐妹共夫,兄弟共妻,男子之间互为"普那路亚"。这是一种在排斥血缘婚的基础上而允许其他两组兄弟和姐妹之间的群婚,比血缘婚更进一步。多偶婚是一种过渡性的婚姻制度,它不断排除兄弟姐妹间的任何婚姻关系,同时又保留了很长时期旁系兄弟姐妹通婚的关系。它还使更远的兄弟姐妹不断加

花轿是传统中式婚礼上使用的轿子

入婚姻关系。氏族组织在社会上普遍形成后，慢慢地，兄弟们不再娶他们的旁系姐妹，姐妹们也不再嫁给她们的旁系兄弟。这是人类在自身发展过程中迈出的重要一步，为文明的婚姻形式开辟了新的道路。

氏族社会的第一个发展阶段是母系氏族社会。在那个时候，年龄大、辈分高的女子被推为首领，掌管氏族事务，形成了母权制。因为孩子在母权制的多偶婚下，只知道他的母亲，而不知道她的父亲，所以世系也只能按母亲这方面来确定。我国古代有女子成姓的习惯，而所有古姓，大半以女字为偏旁，例如姬、姜、好等。在实行多偶婚的部落里，每一个家庭都是一半在氏族之内，一半在氏族之外，因为多偶婚要求丈夫和妻子必须属于不同的氏族。多偶婚的遗迹，可以从古代文献对于亲属的称谓制度的记载中看出来。在《尔雅·释亲》中，兄弟的儿子没有专称，一律叫作"昆弟之子"。多偶婚制下，子女为一列兄弟所共有，父亲无法也无须在一群子女中区分哪个是自己的孩子，哪些是自己的"侄儿""侄女"，自然也没有了那些称谓。多偶婚共妻，姐妹共夫之风在当时非常严重。传说舜以

古代婚姻

贤孝著称，帝尧将两个女儿即娥皇、女英一起嫁给了他。舜的弟弟象，见嫂子们很漂亮，就想杀掉舜，"二嫂使治朕栖"（《孟子·万章上》），把嫂子们占为己有。这次舜就一次娶了两个女子，而象又想娶舜的妻子作为自己的妻子，这也是多偶婚的痕迹。

多偶婚出现以后，氏族成员只能从别的氏族得到丈夫或妻子，自然受到相应的约束和限制，婚姻的构成，一般由氏族内长辈亲属负责安排，或者通过议婚定约，或者通过物品交换，或者通过武力抢夺来实现。利用上述办法构成的婚姻关系，日渐带有对偶的

氏族社会的婚姻状况

特点——明显的独占性质。于是，对偶婚便产生了。这种婚俗制越来越排除兄弟或者姐妹配偶的共有，从而形成了一个男子和一个女子的同居关系。在对偶婚中，一个男子在许多妻中间有一个主妻。同时，一个女子在许多丈夫中间，有一个主夫。根据传说，舜、象共妻娥皇、女英，但其中舜和娥皇分别是主夫和主妻。

由于受到以前的多偶婚的影响，这种对偶婚不可能完全达到专偶婚制的水平，婚姻只能维持到双方都同意维持的时候，很容易破裂，所生子女仍属于母亲。这种对偶婚还

北宋时期，轿子还仅供皇室使用

是与母权制相适应的，夫从妇居，子女仍旧留在母系氏族之内。但是随着社会经济所依靠的对象在不断地发生变化，由母系向父系过渡的过程中，也是由多偶婚、对偶婚向专偶婚发展的过程。这个过程造成女性失去原始社会的优越地位，形成历史性的悲剧，但它是极大的进步和革命，推动了社会的发展。

（三）一夫多妻制

随着社会的发展，大约在五六千年前，我国长江和黄河流域的一些氏族部落，逐渐进入了父系氏族社会。母权制的对偶婚，带来了一个新的迹象，子女确认了自己母亲的同时，也确认了自己的父亲，父亲也可以确定与自己有直系关系的血缘子女。

母权制社会的时候，子女只能单独地继承母亲的财产，而不能继承父亲的财产。但是随着生产力的提高，男子的地位也在不断地上升，他们所创造的财富也更多，他们试图借此来改变当时流行的氏族成员继承制，使子女享有继承权，给以对偶婚和母系氏族为基础的氏族社会沉重的一击，女性世系必然解体，而男性世系相应地必然会取而代之。慢慢地，

花轿有"硬衣式"和"软衣式"两种，此系硬衣式花轿

氏族社会的婚姻状况

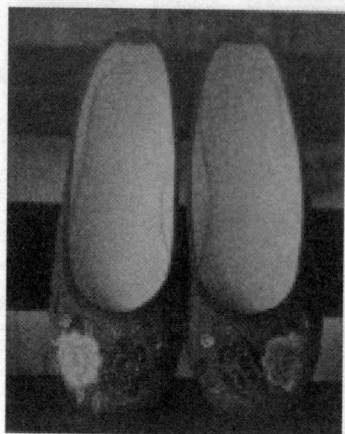

绣花鞋

氏族男性成员的子女都留在本氏族内，女性成员的子女则再也不属于母亲的氏族，而转到父亲的氏族中去。这样就逐步废除了按母方计算世系的方法，确立了父亲的继承权。在父系氏族社会时期，在对偶婚的形式下产生了一夫多妻的现象。由于生产劳动特别是战争对男子的需要，男子的数量在不断减少，从而造成男女两性的不平衡，使女性人口过剩。这种情况的产生以及女性地位的下降，都为男子享有更多的妻子提供了条件，再加上多偶婚遗风的影响，在一些实行对偶婚的氏族中间实际上维持着对偶的同居形式，多妻的占有制，后来又发展为父权制的家庭。这个家庭的家长过着一夫多妻的生活，保存了对偶婚的一面——男子多妻。这种现象出现在父权制社会的晚期。

随着财富的增加，权势的扩大，一些氏族的首领逐渐占领了除了日常生活之外的剩余物资成为了奴隶主，他们为了自己的贪欲，不断地进行征伐、战争、掠夺财物，于是原始社会宣告解体，中国进入了奴隶制社会。

古代婚姻

二 关于先秦女子的亡国论

左右对称的喜字

如果说夏、商、西周三个朝代的建立有些相似之处，都是由一代先人历尽千辛成就的话，那么它们走向终点的方式也很类似。

（一）夏桀、商纣、周幽的亡国

夏代的第十六代君王夏桀因为妹喜而使夏代灭亡，是历史上非常著名的事件。《史记夏本纪》中记载：

"桀不务德，而武伤百姓，百姓弗堪。"

他修了很多的宫室和楼台，修了一个大池子，里面装满了酒，进行享乐，每天和宠幸的人喝酒作乐，使用全部的武力，任意地发动战争，昏庸无道，还把自己比作天上的太阳，于是人民实在是忍无可忍，喊出了"时日曷丧，予及汝偕亡"的誓言。

夏桀发动攻打有施氏，有施氏知道夏桀酷爱美女，于是献出美女妹喜进行求和。妹喜被逼成了妃，因为每天都很思念家乡，整日都没有笑容，只有听到撕手绢声音的时候才能偶尔笑笑。于是夏桀给了她很多手绢，以博她一笑。夏桀每天与妹喜和其他宫女饮酒，常常把妹喜放在膝盖上。后来他又去征伐岷山氏，岷山氏知道他有这个喜好，也同样给他送来了两个美女，长得如花似玉，一个叫作琬，一个叫琰。夏桀把她们两个的名字刻在传国的宝玺上，而舍弃了妹喜和其他人。

夏桀把人当坐骑

这个时候商汤命令伊尹去夏朝作间谍，伊尹恰巧遇到了被遗弃的妹喜，在这个时候妹喜把她的感情转移到了伊尹身上来，她看到夏朝已经没有挽回的余地了，于是和伊尹一起，帮助商汤灭了夏朝。

商朝最后一代君主商纣王也是一个残暴、荒淫的王，商纣王有很多妻子和妾，每天都通宵达旦地饮酒作乐，还到处寻求美女，当时苏国的侯爷对纣王非常地不满，与是纣王就下令攻打苏国，苏国打不过商，便贡献美女妲己进行赎罪。纣王喜爱喝酒、淫乐，特别偏爱妲己，对妲己说的每句话都听从。所有的妻妾制作胭脂，在脸上涂桃花一样的妆，为了使纣王高兴。纣王作"酒池肉林"，把池中注满甜酒，把熟肉挂在枝头，让男女裸体互相追逐，并且不分白天黑夜地饮酒。纣王又极为残酷，他特别喜欢用弓箭射人，解剖人心，因为妲己想看看孕妇腹中胎儿的性别，纣王竟剖开孕妇的腹部，残暴无比。

周武王来的时候，商代终于在众人的怨恨之中灭亡了，纣王登上鹿台，自焚而死，妲己也自杀而亡，商朝灭亡了。

商纣王像

古代婚姻

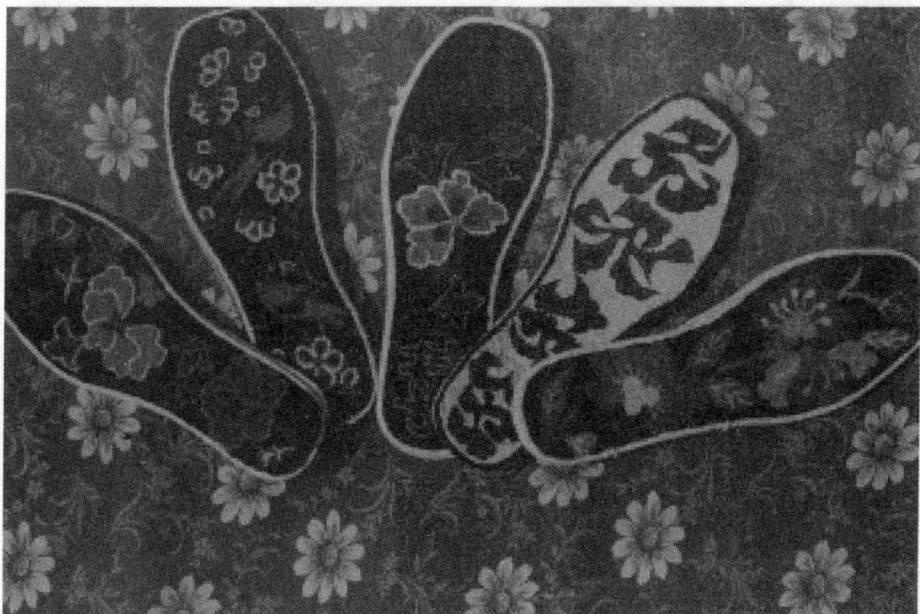

　　周朝的最后一个王是周幽王。幽王即位的第二年，关中发生大地震，《诗经》《小雅》中都有记载，自然灾害带来了大饥荒，百姓到处流亡，社会矛盾更加严峻了。

　　夏商两代虽然有很多妻子的现象，但是还没有嫡长子的制度，也不存在嫡长子和庶子争位的问题。周公制礼以后，周人在宗法思想支配下，只接受长子继承制，如果违背这个制度，常常受到惩罚。

　　周幽王娶了申侯的女儿立为申后，申后生了儿子为宜臼立为长子，后来立为太子，成为宜臼太子。周幽王非常昏庸无道，是非

皇帝出行所乘坐的轿子

不分，善恶也不能辨别，且不问政事，他派人到处去寻找美女来充实他的后宫。周幽王得了褒姒之后，常常很多天都不上朝，非常宠爱她。过了一年之后，褒姒生了一个儿子，取名为伯服，周幽王更像珍宝一样将其捧在手里。当时有个卿士虢石父常常阿谀奉承，为了投幽王的爱好，他建议立褒姒为后，伯服为太子。于是幽王与他进行密谋，将申后打入冷宫，废太子宜臼为普通人，改立褒姒为后，伯服为太子。

幽王为博得了褒姒一笑，点燃烽火台让褒姒观赏（古代的烽火台是用来传递信号的，因为有急事的时候联系起来非常的不方便，就用烽火来传递信号），于是在诸侯之间就失去了信用。这时候申侯（申后的父亲）联合缯与犬戎攻围，幽王再度举起烽火召见各国的诸侯寻救救驾。诸侯因为上次被戏弄，这次又以为是欺诈，于是都不起兵。公元前771年，申侯率领西戎等部来到镐京，幽王和褒姒逃奔骊山，申侯杀幽王于骊山之下，掳掠了褒姒。后来褒姒自杀而死。西周灭亡。

亡国论产生的原因

在先秦时期的一些古籍中，可以看到许多探讨国家兴亡的文字。尤以女子亡国说特别引人注目。其中，《尚书》《国语》《诗经》《天问》之中都有记载，把国家灭亡的原因

周幽王为博美人一笑，不惜烽火戏诸侯

关于先秦女子的亡国论

精美的花轿

归结为女子。为什么会产生这种说法呢？

第一，母权残余与父权家长制的冲突。周族以农业作为国家的根本，早在灭商之前就进入了父权家长制的时代了。与这种父权家长制相伴而生的，就是"男女有别"的信条和重男轻女的观念。《诗经小雅》中说："乃生男子，载寝之床，载衣之裳……乃生女子，载寝之地，载衣之裼。"这就非常准确地反映了周人的男女差别观。但是，观念并不能取代现实。历史表明，母权残余力量是不肯轻易退出历史舞台的，它牢固地把握着现在的位置。从周初武王的"乱臣十人"中一个

新娘被迎进男家后，要拜天地
和父母

女子，到春秋时期的盟约中屡屡规定的"毋使
妇人与国事"，表明了妇女参与国家政事，甚
至有时想攫取更高的权力的事情一直在发生。
这无疑是对父权制最激烈的挑战。而父权制对
此绝对不能允许和容忍。因此，从周武王时到
春秋时代，要求全面强化父权的呼声就未曾间
断过。而强化的办法不外乎两种：一种是由父
权做出正面的严格规定，于是产生了"牝鸡无
晨"；另一种则从反面予以警告。根据以上的
分析，我们把母权残余与父权家长制的冲突看
做产生女子亡国的首要因素。

　　第二，反对情欲，服从规范的理性主义。

在周朝的人看来，"饮食男女"是"人之大欲存也"，但对于"大欲"，人们不是任其放纵，而是采取了"礼、食、色，以礼重"的理性克制态度。这表现在，一方面用"父母之命，媒妁之言"等礼仪规定加以疏导和转移，另一方面又根据礼节和时候等具体措施予以约束和限制。在这个时候，又对那些放纵情欲、任意妄为行为的人大加鞭策。当然，仅仅这些措施的实施还达不到控制人们情欲的目的。所以，周朝的人们就进一步从对淫乱的人进行惩罚的角度，向人们阐述其中的危害。首先，从个人角度来讲，宣扬淫乱是不被允许的。另外，因为淫乱而得什么疾病，也是不利于生活和工作的。最后，对于国家

人们习惯把新房称做"洞房"

古代婚姻

轿子开始是供人乘坐的交通工具，后来才用于婚嫁

来讲，如果喜好女色，必然会动感情，从而去激发个人的欲望，必然要使国家变乱。由此可见，要保持自己充分的理性来反对情欲、服从规范。

第三，固定和外族进行联姻的制度。周代一直有"男女同姓，其生不蕃"的传统，实行

关于先秦女子的亡国论

着严格、固定的族外婚制，就是所谓的政治联姻，通过联姻来加强周王室和诸侯国之间的联系。这种外婚制的益处是很大的：一方面它可以使人们避免直系血缘间的婚姻，保持人丁的兴旺；另一方面它又使得两国之间的联系加强，都从对方那里得到恩惠，维持稳定的政治格局。

花轿

第四，天命思想。天命思想的泛滥是周代社会的一个重要特色。在当时，几乎人世的一切都染上了天命的神秘色彩。在这种浓厚的天命思想的氛围下，产生了是老天让褒姒去让西周灭亡的学说。所谓信则有，不信则无。当然，这也不能否定这样的说法是那些对西周晚期统治不满的人，利用天命的思想而创造的。

第五，以史为鉴的观念。《尚书》中曾记载，我们不可以不从夏代的灭亡中汲取教训，也不可以不从周代的亡国加以认真思考。这反映出，周初特别注意周代以前的历史，使当时富于理性的人们具备以史为鉴的观念。这一观念不仅仅用于治理国家上，还用于对于夏、商两国被女子亡国的戒备上，这也是周人对女子亡国所产生的一个重要心理背景。

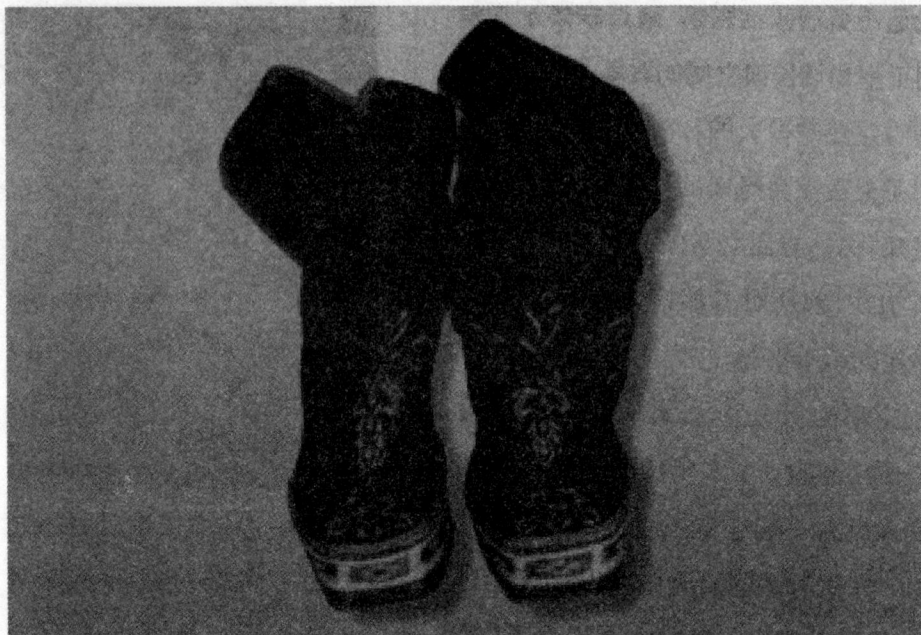

把新人的鞋同放一处，祈祝新婚
夫妻同偕到老

对于先秦人思想里的女子亡国思想，在一定程度上是可以理解的，但是把罪责全部归到女子的头上，是相当的不公平的。每一个朝代的兴盛与衰败都不是一个或者几个人能决定的，即便是我们所说的处于历史转折点的伟大人物。它是一个朝代的呼声，百姓的呐喊。更何况是在重礼节、重权力的男权社会，说女子使一个国家灭亡不太符合事实。但是，一些妇人干政与增加贵族的腐朽和混乱，也是客观事实。应该说，是父权制将她们压榨得无才无德，又是女权制的残余将她们一次次推向了力不从心的政治舞台。

三　贞节的产生与文君私奔

秦始皇被认为是第一个提出贞洁的人

从我国进入宗法制社会以后，女性的地位就始终处于男权的压迫之下，对于女性的种种约束也是接踵而至，它是对于女性单方面的禁锢，在男女婚姻中也是如此。

（一）约束女子的贞节

贞节，就是要求妇女保持性的纯洁和专一。从先秦时代起，贞节观念和与之相应的行为一直延续了两千多年，自始至终都伴随着中国古代社会。其中贞节观念的流传和渗透给各个时代的女性造成了不同程度的束缚和影响。一般来说，贞节观规定未婚女子要严格遵守童贞，已经结婚的女子除了唯一合法的丈夫之外，终生不能再嫁，更不能和任何异性发生关系。

贞节观念在原始部落中，已经有所萌芽。例如部族时代流行的杀子的风气，就是为了防止新娘婚前有孕，害怕长子的血统不纯正。先秦时代，对女子行为的约束中就已经包含了贞节的观念，如《礼记》中就具体地提出了女子在夫家的行为规范，还记载了丈夫休妻子的"七出"。稍后，就有了"男女授受不亲"等说法。

首次提出贞节的人，人们认为是秦始皇。他在巡察天下的时候，四处在石头上记了许多的功，其中在会稽的时候，就明确提到了"贞"。《史记·秦始皇本纪》中记载：

古代贞节牌坊

贞节的产生与文君私奔

"有子而嫁，倍死不贞。防隔内外，禁止淫佚，男女洁诚。"

当时有个民间的寡妇叫清，因为她能够保守贞节，秦始皇特地为她修了座怀清台，这也是统治者公然表彰贞节的一个实例。

真正提出女性贞节观念是在汉代时。汉代的儒士们在整理、编撰《礼记》的过程中，将"男女有别"提到了显要的位置。同时，汉代的儒士们还规定了两性之间的种种隔离、防范的制度。东汉的才女班昭专门为女子写了《女诫》，作为专门的女子教科书，更是明确地提出了"夫有再娶之义，妇无二适之文"，倡导节烈，要求女子从一而终。更为让人注目的是，汉代首开表彰贞节的女性的

聘娶六礼

古代婚姻

先例。例如汉宣帝对颍川的"贞妇顺女"赐
予布帛。刘向也首次将《列女传》编入正史
之中，对贞女节妇进行颂扬。可见当时的统
治阶层对贞节女性的重视。

（二）逆伦理而行——文君史话

汉代虽然有用朝廷奖励的方法宣传礼
教，又有刘向和班昭那样的著名学者鼓吹守
贞，但是在民间真正的从爱情出发，婚姻自
主相敬如宾的人仍然大有存在，像卓文君和
司马相如的结合，就是千秋佳话。

卓文君（前179—前117年）是今天的
四川邛崃人，大商人卓王孙的女儿。她貌美
秀丽，喜欢音乐，而且还擅长诗歌和音律，

卓文君像

贞节的产生与文君私奔

卓文君为司马相如的才情所倾倒，不顾一切与他私奔

很有文学的天分，但是不幸的是，年轻的时候她的丈夫就去世了，自己一个人留在父亲家里。当时著名的词赋才子司马相如游到临邛，受到了县令王吉友好的接待，一天他们到卓王孙家去吃饭，吃饭的时候王吉请司马相如弹琴一曲。司马相如知道卓文君守寡在家，又懂音律，于是便弹了一首《凤求凰》，表示他对卓文君的爱慕之情。卓文君以前听说过司马相如，又被他的才情所倾倒，于是在当夜就与司马相如私奔。这在司马迁的《史记》中，就有详细的记载。卓文君与夫私奔到成都以后，由于司马相如家非常穷，后来又只好回到了临邛，开了一个酒店。文君当垆卖酒，并在有钱的父亲面前放下大家闺秀的架子，自力更生，做起了酒店掌勺的女老板。父亲看不过，在兄弟们的劝导下，卓王孙自然也觉得虽然相如家清贫，但他确实也是一个人才，而且他又是县令的客人，也没有必要自取其辱。于是分给文君一百名仆人、一百万钱财以及嫁人时的衣物。卓王孙给卓文君的一百名工奴中，有不少是织棉的工奴，卓文君也和工奴们一起织布。蜀棉有名气也是从卓文君的时代开始，长

期的织棉生活和文学的共同爱好，把这对患难夫妻更加紧密地联系在一起。卓文君和司马相如回到了成都，买了田产，再也个用过清贫的生活了。后来司马相如得到了汉武帝的赏识，做了汉武帝中郎将之后，有些喜新厌旧，想要聘茂人的女儿为妾，卓文君作《白头吟》：

　　皑如上上雪，皎若云间月。

闻君有两意，故来相决绝。

今日斗酒会，明旦沟水头。

躞蹀御沟上，沟水东西流。

　　凄凄复凄凄，嫁娶不须啼

　　愿得一心人，白头不相离。

竹竿何袅袅，鱼尾何。

男儿重意气，何用钱刀为！

卓文君当初勇敢地冲破封建的牢笼，追求自己的幸福，当司马相如有心思离弃她的时候，她也没有退让，作诗进行规劝，使司马相如感悟，打消纳妾的念头，两人重归于好。

后来传说司马相如很长时间没有回来，卓文君思念司马相如，用回文诗的形式写了"从一到万"的诗，非常感人。

一封书信，两地相传。

只说三四月，谁知五六年。

七弦琴，无人弹；

八行书信，无可传。

九连环，从中折断；

十里长亭，望眼欲穿。

百般想，千里念；

万般无奈把郎怨！

卓文君果敢而又有斗争性，敢于追求自己的爱情，可以说是那个时代女性的典范。她的故事也引起了后人无限的同情和称赞。她把诗作为传情的对象，把司马相如从歧路上拉了回来，可以说是千古绝唱。给封建统治者对于女性的枷锁以沉重的一击。

在古代婚俗中，蜡烛是婚庆所必不可少的

四　门第与宗教对婚姻的影响

王羲之像

（一）婚姻注重门第

在中国古代的男女的婚姻中，缔结婚姻的双方家族，必须门当户对。双方通婚的主要目的，是生育继承财产、爵位，巩固和提高家族的主要地位。魏晋南北朝时期，这种政治性婚姻达到了登峰造极的地步，它的表现形式就是门第几乎被视为通婚的先决条件。

王羲之"坦腹东床"的婚姻佳话一直流传至今。东晋的丞相王导、太尉郗鉴两家，都是显赫一时的名门大姓。一天，郗鉴派门

风光的抬花轿场面

生到王导家择求女婿，王导让这个门
生到东厢房看看所有的了弟。门生汇报郗鉴说，说
王家的弟子都很不错，但有些略显矜持，唯
独有一人在东床上露着肚子在吃东西。郗鉴
说：这个人正是我所中意的女婿。于是就将
女儿嫁给了那个人，那个人就是王羲之，这
个婚姻也成了门第婚姻的典型。

世家大族在政治、经济等方面拥有很大
的特权，身居显贵。为了保持这种优越的地
位，巩固新的同盟，他们实行严格的门第婚
姻，把通婚的范围限制在名门大姓之内。在

门第与宗教对婚姻的影响

小巧精美的花轿

东晋南朝，王、谢两姓曾经世代通婚。王凝之娶了谢安的侄女，王珣娶谢万的女儿，王僧娶谢景仁的女儿，出身于太原王氏的王述的女儿嫁给了谢安为妻，王国宝娶谢安的女儿。此外，各个"侨姓"之间也互相通婚，例如袁湛自己娶了谢玄的女儿，侄子袁淑也娶了王诞的女儿，全都是门阀之间的通婚。

世家大族和寒门庶族两者身份高低不同，不相往来。世族还排斥寒门，对寒门不予友好地接待，进行肆意地侮辱。他们为了保持"士庶天隔"的界限，禁止与寒门庶族通婚。

如果与庶族通婚，就会遭到本阶层人士的非难和谴责。南朝的齐朝的时候，出身于东海王氏的王源将女儿嫁给了富阳满璋之的儿子满鸾，御史中丞沈约上表进行弹劾，指出满氏的"族姓"是庶族的族姓，王满进行联姻，玷辱了名门，要求革去王源的官职，把他从士族中剔出来，禁锢终身，可以看出当时门第对人们生活的影响。有些世家大族虽然已经门道中衰，但仍然自傲清高，不与庶族进行通婚。出身于太原王氏的王元规，幼年父亲就去世了，家中非常贫困，兄弟三人随同母亲寄居在舅父的家里。当地的富豪刘瑱，为了攀上名门的亲戚，准备了很多的钱进行陪嫁，想把女儿嫁给王元规。母亲想答应，王元规却哭着说：我们正是因为一直保持婚姻门第，才受到人们的敬重，怎么能够家贫就和庶族结婚呢？结果婚姻没有成功。又根据《魏书》的记载，崔巨伦的一个姐姐瞎了一只眼睛，名门望族的子弟都不肯娶，家里没有办法，就想把她下嫁给庶族，嫁给另一个姓。李家的姑母听说了这件事，悲痛地说："吾兄盛德，不幸早世，岂令此女屈事卑族！"于是就让儿子李翼娶了他。

婚嫁剪纸作品

门第与宗教对婚姻的影响

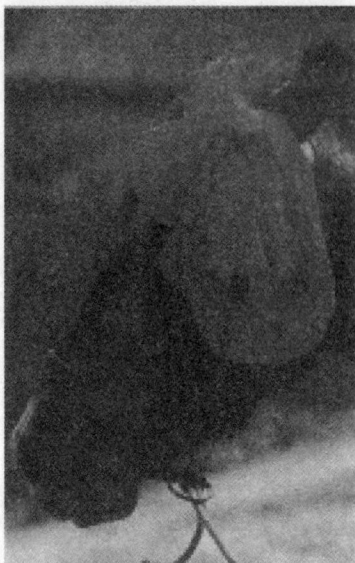
婚礼上的马匹也要沾一沾喜庆

拥有至高无上权力的皇帝以及皇室贵族，也极力争取与世家大族建立姻亲关系。晋武帝娶了杨氏的女儿为皇后。第一个杨皇后死了以后，武帝仍然看中了杨氏的门第，于是将杨皇后的侄女继立为皇后。东晋南朝的不少公主都嫁给了王、谢等名门大姓。北魏孝文帝也重视门族，将卢氏、崔氏、郑氏、王氏侄女都纳入后宫，还为他的五个弟弟也聘娶名门之女为妻。

相反，许多高门王族并不以联姻素门出身的皇室为殊荣。王峻的儿子王琮是国子生，刚开始娶了兴王（梁武帝的弟弟）的女儿繁昌郡主。王琮的脑子很笨，受到同学们的嗤

女方要陪送嫁妆

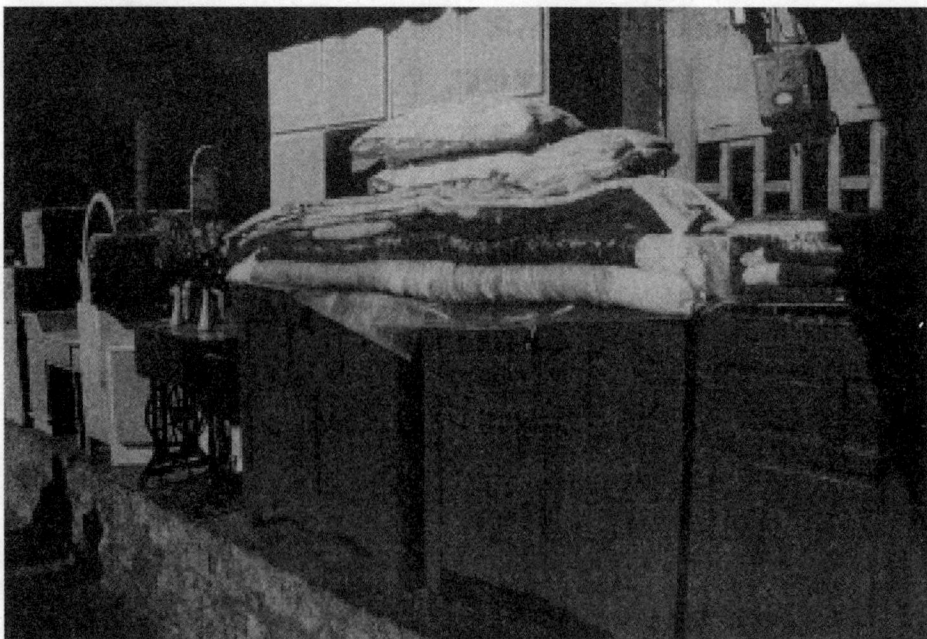

古代婚姻

笑，于是郡主和他离了婚。兴王觉得过意不去，便对王峻说："这不是我的意思，我也很不愿意这样做。"王峻却依仗着出自于名门，说："我的太祖是谢仁祖的外孙，也不低于你的门户。"

一些出身于寒门庶族的官僚，能得到因为犯罪丢了官而改嫁的高门士的女儿为妻，就感到非常荣幸了。东魏右卫将军郭琼的儿媳妇是录道虔的女儿。郭琼因罪而被判死刑，她就被没入官府，高欢让孝静帝将她赐给陈元康为妻子，陈元康马上将原来的妻子赶跑。高欢宠爱出身寒贱的孙搴，自己感到光荣，别人也都很羡慕。

当然，也有不少高门大姓愿意与一些将帅结亲。因为这些将帅位可以和三公相比，具有很大的政治和经济势力。如出身琅玡王氏的王锡把女儿嫁给了沈庆之的儿子沈文季，谢超宗的儿子娶了张敬之的女儿，谢朓娶了王敬则的女儿，都属于这种情况。

为了攀上与世家大族的婚姻，一些出身寒门庶族的富豪，便以巨资相求。也有一些名门贪图财物，故意让子女与庶族成婚。北齐封述为儿子娶了李士元的女儿，但是聘礼还没有够，临近举行婚礼时，离李家的要求还相差很多。封述赶忙拿来供奉的神像，当着李士元的面打碎，发誓以后一定补足。封述又为了让另一个

花轿前面的乐队

古代婚姻

儿子娶卢庄的女儿，送去很多的财礼，卢家却摆出高门大姓的架子，故意刁难，弄得封述只好去打官司。针对财婚的这种陋习，当时也有反对的，颜之推就是其中的一个。

财婚一盛，为标榜门第，人们嫁女儿娶媳妇，极事奢侈、铺张。一般百姓因为经济困难，嫁娶往往没有按照规定的时间进行。北魏孝文帝曾诏令实行"仲春天奔会"的形式，让没有赶上正常时间结婚的男女以礼进行相会。北周建德三年，周武帝又下诏，要求"所在军民，以时嫁娶，务从节俭，勿为财币稽留"。不过这种现象始终没有能够消除。

魏晋南北朝时期，指腹婚十分盛行。指腹婚，是一种父母为子女包办预定婚约的预定形式。两家的妻妾怀孕，进行约定，产后如果是一男一女，就结为夫妇。指腹婚出现得很早，至少可以追溯到汉代。根据《后汉书》记载，大将贾复受了重伤，光武帝刘秀悲痛万分，听说他妻子现在正怀有身孕，就说："生女儿，我的儿子娶她，生男孩，我的女儿就嫁给他，不让他的妻子担心。"

龙凤比喻男女，代表吉祥如意

门第与宗教对婚姻的影响

魏晋以后，为了维护门第婚姻，保证各种同盟关系的延续，以世家大族为代表的中上层社会非常重视指腹婚。北魏著名士族崔浩的两个女儿分别嫁给了名门王氏和卢氏。两个女儿都怀了孕，崔浩便对她们说："汝等将来所生，皆我之自出，可指腹为亲。"后来王家生了王宝兴，他娶了姨母的女儿卢氏为妻。

（二）宗教对婚姻的影响

道教源于原始巫术，在东汉末年形成。道教的称呼开始于张道陵为大宗讲法时。在汉末的下层民众中曾用民间宗教的秘密形式发动农民起义，后来又结合地方的方术，向上层发展，

老子雕塑

把春秋时候的老子奉为太上老君，作为道教的祖先。并且把老子的《道德经》作为经典，讲究行善，修养长生不老之术。到晋代葛洪写了《抱扑子》116篇，形成了上层的道教理论，并且把道教从理论到实用化。他将道教概括为内外两个部分，内养精神、服气、炼气、丹砂、服药等，是道家的传统方术，外面主要涉及儒家的处世学问，也包括政治哲学的原理，以及为人处世的规范等等。他将神仙方术与儒家的纲常伦理相结合，认为道教徒要以儒家的忠孝、仁恕、信义、和顺为本，就是以德为本，否则即使苦苦修炼很多年也成不了仙。可以看出，当时的许多理论在现在看来也是很具有科学和

道教炼丹炉

门第与宗教对婚姻的影响

八抬大轿

哲学上的价值。

　　道教内丹方术中有导引、房中术等，房中术源于春秋战国时候的一种方术，又叫男女合气之术。也是养生术的一部分，是专讲结合自然男女交合，使人长寿的方法。它是属于医学范畴的，在汉代有所发展。到了晋代，既讲道家无为，修炼长生，逃避现实的乱世，也讲房中术以声乐之好而求隐。这是当时士大夫阶层的一种倾向，所以得到了当时著名的道学家和理论学家葛洪的重视。他认为如果不行房中术，即使吃了很多药，也不能长生。他在著作中也写了有关房中术的论作，如《玄女经》《彭祖经》《子都经》《天门子经》等。这些著作都与古医有关，谈到了男女如何有子，以及性禁忌等。最先讲性交节欲的理论，如"还精补脑"等等。道教房中术认为男女交合是自然现象，用道家的理论说是"道法自然"，阴阳和合是男女自然之情，如果男女不交，阴阳就会失调，就会生病。性交要讲究方法，方法对头又有所禁忌，阴阳相补可以长寿，有益于健康，同时葛洪还告诉人们，掌握好房中术还有两点：一是所亲之女不必太年轻漂亮；二是要与吃药相结合。这些经验都可能具有科学性，但是它的弊端也很多，常常以此流于荒淫，这是他所不愿意看到的。

值得重视的是，一般宗教如佛教、基督教

道教和其他宗教不同，不仅不禁欲，还鼓励男女交合

门第与宗教对婚姻的影响

释迦牟尼像

都是禁欲的，反对结婚，但中国的道教不但不讲禁欲，还在修炼之中大讲房中术，鼓励男女交合，这是很特殊的。对于当时人们的思想、世俗心理和行为都产生了很大的影响。

佛教创始于公元前 6 世纪的印度。创始人释迦牟尼，姓乔达摩，名悉达多，释迦族人，是古印度北部迦毗罗卫国净饭王的儿子。相传他二十九岁时出家修道。佛教教义提倡平等及于众生，以慈悲为怀，讲生死轮回，以修来世。佛教于东汉末年从印度流传到中国，到魏晋南北朝的时候，由于各国统治者的信奉和提倡，在

这个时候大为盛行。梁武帝的时候在金陵修了四百八十寺，禅宗祖师达摩老祖也来到嵩山少林寺静修和传道，可以说明当时佛教已经很盛行。佛教讲禁欲主义，出家为僧尼之后就不准结婚，只有密宗——藏传佛教的一支讲男女可以双修，可以立地成佛。但在那个时候的史料中没有记载。佛教对伦理婚姻问题在大体上没有干涉，除了出家人必修清修之外，一般人在世俗礼法上都依照儒家思想。在当时中国文化上无论是道教、

达摩六代祖师像

门第与宗教对婚姻的影响

佛教都必须依附着儒家理论，才能够广泛地流传下去，因为儒家的理论已经深深地印入每个人的心中。晋代虽然有排除佛教的举动，然而释道儒三教结合的形式，却是当时中国文化的主流，影响深广。

佛教在中国有八个宗派，分别是三论宗、天台宗、华严宗、法相宗、律宗、净土宗、密宗、禅宗。禅宗是完全中国化的佛教教派，势力较大。禅的意思就是静虑——静坐进行思考的意思，主张通过禅来定修心性，以达到大彻大悟。

这些佛教宗派中以禅宗和净土宗对婚姻影响最大。禅宗由祖师达摩进行传教，后来分为北宗神秀和南宗慧能。他们讲究静坐，可以在家修行，这不属于严格的宗教生活，在家修行

洞房花烛夜

古代婚姻

者称为居士。

净土宗奉行的《阿尼陀经》，宣扬个人解脱不靠自己努力或集聚功德。这个宗派在3世纪传入中国，允许僧人结婚，不要求必须过寺院生活。但是总的来说，佛教是实行禁欲主义的。

最有名的梁武帝萧衍3次在同泰寺中出家，在建康一个地方就修筑了佛寺四百八十所。东晋有佛寺1768所，南齐有佛寺2015所。

洛阳永宁寺旧址

第一个女尼就在这个时候出现，她就是东晋时候的仲令仪。根据南朝《比丘尼传》的记载，东晋法名为净检者的仲令仪，就是我国的第一个尼姑，她是现在的江苏徐州人，父亲是武威的太守。她在洛阳听了一次高僧的讲经，被其所讲述的内容深深地打动，于是便信仰了佛教。据说，她为了去探究佛法，还向当时克什米尔地区的高僧智山请求佛法，之后便决定皈依佛门。后来她出去宣扬佛法，并得到了10名志同道合的女性的支持，还共同聚集在洛阳城门外的竹林寺出家为尼。公元257年净检等人在戒坛受戒，成为我国历史上第一批正式尼僧。

北魏于516年建造永宁寺，工程宏伟，规模壮丽，寺内有一尊金佛像高达1丈8尺，

门第与宗教对婚姻的影响

寺院成为那些生活中失意者的归宿

有大约9层塔那么高。寺内有僧房1000间，十分豪华。当时在北魏专政的胡太后到永宁寺拜佛，随从的僧尼士女多达数万人。但是另一方面有很多被遗弃的妃嫔们也被迫出家。

据《南史》和《魏书》记载，当时被废、被迫出家等原因的皇后有15人之多。可见佛教对于那些厌倦人世烦恼、在婚姻人失意的人是很好的归宿。据说当时僧尼的总数，已经达到了10万人，佛教的兴盛达到了顶点，但从另一个侧面也反映了当时的人对于生活的厌倦和失望，当时的社会给予人们繁重的枷锁，以求从佛教中寻找精神上的解脱。

五 武则天的婚姻与缠足

隋唐是我国多民族国家统一和繁荣的时代，经过魏晋南北朝几百年的分裂，社会又重新获得了统一和安定。人们的婚姻生活也由分裂时的多样化、复杂化走向统一。在这个时期，妇女仍然拥有一定的社会地位、改嫁颇为自由，社会婚姻道德标准也比较宽泛。在五代时期出现了对妇女人身的束缚，特别是缠足，从形体上摧残妇女，中国妇女缠足的悲剧从此拉开了。

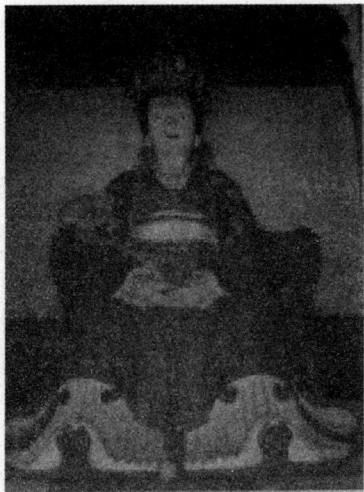

武则天塑像

（一）一代女皇——武则天

武则天是今山西文水人，在唐高祖武德七年（624年）生于都城长安，就是今天的陕西西安。她的父亲武士彟是以经营木材为生的，家境还算不错。隋炀帝大业末年，李渊在河东和太原任职时，因为多次在武家留住，因而结识。李渊在太原起兵反隋以后，武家曾资助过钱粮衣物，所以唐朝建立以后，武士彟曾官至工部尚书、黄门侍郎、判六尚书事、扬州都督府长史、利州（治所在今四川广元）、荆州（治所在今湖北江陵）都督等职。

武则天从小性格强直，不学习女红，唯独喜欢读书，所以知书达礼，对于政事

武则天的婚姻与缠足

武则天墓所在地—乾陵

特别感兴趣。童年时代，曾随着父母遍游名山大川，阅历深厚，培养了她的眼界和才干。

贞观十一年（637年）十一月，唐太宗听说年轻的武则天长得明媚娇艳、楚楚动人，便将她纳入宫中，封为五品才人，赐号"武媚"，故称武媚娘。武则天入宫之前向寡居的母亲杨氏告别时说："侍奉圣明天子，岂知非福，为何还要哭哭啼啼，作儿女之态呢？"

贞观十七年（643年），太子李承乾被废，晋王李治被立。此后，在侍奉太宗的时候，武则天和李治相识并产生爱慕之心。唐太宗死后，武则天按照唐后宫的规矩，进入

古代婚姻

感业寺削发为尼。永徽元年（650年）五月，唐高宗在太宗周年忌日入感业寺进香之时，又与武则天相遇，两人相认并互诉离别后的思念之情。这由无子而已失宠的王皇后看在眼里，便主动向高宗请求将武则天纳入宫中，企图以此打击她的情敌萧淑妃。唐高宗早有这个意向，马上同意。永徽二年（651年）五月，唐高宗的孝服已满，武则天便再度入宫。第二年五月，被拜为二品昭仪。

永徽五年（654年）初，武则天生一女婴，唐高宗视她如掌上明珠。后来武则天杀了自己的亲生女儿来诬蔑王皇后，打

乾陵为唐高宗与武则天的合葬墓

武则天的婚姻与缠足

乾陵

算让高宗废除王皇后的后位。不久，中书舍人李义府等人得知唐高宗欲废皇后而立武则天的消息后，勾结许敬宗、崔义玄、袁公瑜等大臣，向唐高宗接连投递了请求立武则天为后的表章。唐高宗看到有不少人支持，废立之意再次萌生。

十月十三日，唐高宗又在李等朝廷重臣的支持下，颁下诏书，以"阴谋下毒"的罪名，将王皇后和萧淑妃废为庶人，并加囚禁，她们的父母、兄弟等也被削爵免官，流放到岭南。七天以后，唐高宗再次下诏，将武则天立为皇后。与此同时，又将反对此事的宰

唐高宗与武则天合葬墓
——乾陵

相褚遂良贬为外州都督。

显庆四年（659年）四月，武则天又捏造罪名，将长孙无忌、于志宁、韩瑗、来济等人削职免官，贬出京师。至此，反对武则天的大臣都被贬或被杀，一个不剩。显庆五年（660年），高宗患上头风之疾，头晕目眩，不能处理国家大事，于是命武则天代理朝政。但武则天生性霸道，所以每当决议事情的时候，高宗总是受制于武则天，这让高宗非常不满。于是在麟德元年（664年）高宗与宰相上官仪商议，打算废掉武则天皇后之位。但上官仪的废后诏书还未草拟好，

武则天的婚姻与缠足

乾陵建筑石雕

武则天即已得到消息。她直接来到高宗面前，追问此事，唐高宗不得已，便把责任推到上官仪身上。十二月，上官仪被逮捕入狱，不久，即被满门抄斩。从此以后，唐高宗每次上朝，武则天必在帘后操纵，天下大权完全归武后掌握，甚至连生杀大事都由武后决定，天子高宗只能唯命是从，所以，朝廷内外都称为"二圣"。

上元元年（674年）秋八月，高宗称天皇，武后称天后，名为避先帝、先后之称，实欲自尊。十二月武后上表建议十二件有利于生产和生活的事项，反响很好。弘道元年（683

年）十二月，唐高宗病逝。临终遗诏：太子李显于枢前即位，军国大事有不能裁决者，由武则天决定。四天以后，李显即位，是为唐中宗，武则天被尊为皇太后。

天授元年（690年），改唐为周，改元天授。武后称圣神皇帝，以睿宗为皇嗣，赐姓武氏，以皇太子为皇孙。立武氏七庙于神都，追尊周文王曰：始祖文皇帝。立武承嗣为魏王，武三思为梁王，其余武氏多人为王及长公主。神龙元年（705年）正月，武则天身染重病，卧床不起，只有宠臣张易之和张昌宗侍侧。宰相张柬之与大臣敬晖、桓彦范、袁恕己等率羽林军五百余人，冲入宫中，杀张易之兄弟，武则天被迫传位给太子李显，上尊号为则天大圣皇帝。恢复唐国号、百官、旗帜、服色、文字等皆复旧制，恢复神都为东都。同年十一月卒于上阳宫，年八十二。遗制去帝号，称则天大圣皇后。神龙二年（706年）五月，与高宗合葬于乾陵。

在封建思想盛行的初唐社会，她的婚姻借助于北方少数民族的收继婚和唐代宫室的开放风气而存在。她为了登上皇后的宝座，使用了女人的惯用手段，而且还用

乾陵无字碑

武则天的婚姻与缠足

了最残忍的手段（扼杀了自己的女儿，嫁祸于皇后），达到了夺取后位的目的。当了皇后之后又不择手段地为成为女皇而努力，完全参与了男权社会所不允许的各种政治斗争。当她到了女皇的位置，又像其他男性一样，自己享受，走向腐败，也是权力和纵欲的产物。但是有一点可以肯定的是，武则天善于治国，创立了科举考试的"殿试"制度，而且还知人善任。重用了狄仁杰、张柬之、姚冲等名臣。国家在武则天主政期间，政策稳定、兵略妥善，文化复兴，百姓富裕，所以有"贞观遗风"的美誉，为唐玄宗的开元之治打下了坚实的基础。

乾陵一景

古代婚姻

缠足是中国古代的一种陋习

武则天的政治要求，在某种意义上来说，是母系氏族社会女权的返祖现象，更是长期压迫下的一次女性强烈的反抗。在特定的历史条件下，产生了唯一一次完全走向历史的女权政治，虽然很短暂，但是不得不值得我们去思考。

（二）束缚女子的行动——缠足

缠足是中国古代的一种陋习，即把女子的双脚用布帛缠裹起来，使其变成为又小又尖的"三寸金莲"。"三寸金莲"也一度成为中国古代女子审美的一个重要条

件。据说，古代女人裹脚是因为南唐后主李煜喜欢观看女人在"金制的莲花"上跳舞，由于金制的莲花太小，舞女便将脚白绸裹起来致使脚弯曲立在上面，跳舞时就显得婀娜多姿，轻柔曼妙，本来是一种舞蹈装束，后来慢慢地从后宫向上流社会流传，再以后，民间女子纷纷仿效，逐渐成为一种普遍的社会习俗，成为一种病态的审美。

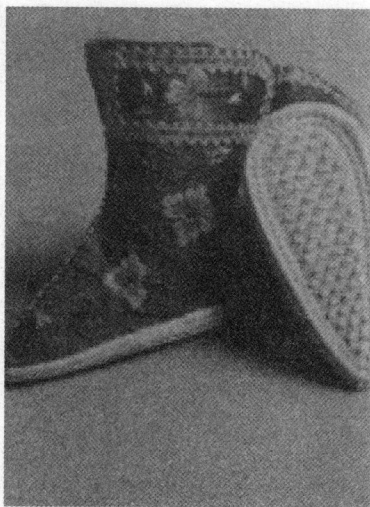

旧时裹脚女子穿的绣花鞋

一般认为裹脚大约始于五代末或宋初。从地下发掘的文物和古文献知道，五代以前男女的鞋子是同一形制的，五代南唐后主李煜在位期间，一味沉湎于声色、诗词、歌舞之中，整日与后妃们饮酒取乐。宫中有一位叫窅娘的嫔妃，原是官宦人家女儿，后因家势破败，沦为金陵的歌妓。她生得苗条，善于歌舞，受李煜的宠爱。李煜下诏建了一个金莲台，高六尺，以珍宝进行装饰，网带缨络，台中设置各色瑞莲。令窅娘以帛缠足，屈上作新月状，着素袜舞于莲中，回旋有凌云之态。李煜看了，喜不自禁。此后，窅娘为了保持和提高这种舞蹈的绝技，以稳固受宠的地位，便常用白绫紧裹双足，久而久之，便把脚

武则天的婚姻与缠足

小小的绣花鞋摧残了千千万万的女性

裹成了"新月型"，其舞姿也更为自然，美不胜收了。当时的人们竞相仿效，五代之后逐渐形成风气，风靡整个社会。

缠足通过外力改变脚的形状，严重影响了脚的正常发育，引起软组织挛缩，这个痛苦的过程是言语所不足以描述的。而一千多年以来中国千千万万的女性从小就要经受这样的痛楚，不情愿地忍受这种心理和身体上的摧残。

一般来说，小脚从正面看，像火伤之后，脱去陈皮烂肉的一个变色的肉疙瘩。只有一个翘起的趾头，依稀可辨上面的指甲，其他一概呈现出可憎的模糊轮廓。从侧面看，脚趾和脚跟已从中间折断，两部分紧挨在一起，在软肉的附和下，形成一条由两端站立的曲线，脚跟臃肿，脚掌消失，脚背凸起。脚的全长不及自然长度的一半，整只脚像一个不规则的三角形。最恐怖的是从正面看脚底。那是一幅完全改变了人足的原始形象的荒诞图案。除了变形的足跟之外，已没有一丁点平滑的脚板。四个脚趾长短不一地向外转折，围绕在以大脚趾为轴心的脚心下面，脚趾的正面因此变成了脚心，完全扭曲地压在了脚板底下。

妇女缠足是封建礼教对妇女压迫的结果，是礼教发展的必然趋势。如果我们仅仅把窅娘的缠足看成是中国妇女"缠足"的起源，就太简单了。缠足有它自己潜移默化的过程。在古代，虽然还没有缠足的故事，但是由于父权制的建立已经开始对妇女进行种种的限制，这些限制已经不仅仅是人身自由的限制，而且出现了对人身体束缚的要求，人们在观念和舆论上要求妇女娴静、婉柔，并要求妇女在举止言谈中也要注意。《诗经》中第一首诗中就说："窈窕淑女，君子好逑"。优雅娴静的女子，

过去人们认为优雅娴静的女子才是好配作

武则天的婚姻与缠足

才是君子的好配偶。对于禀性的要求是这样，对于举止的要求也是如此。"月出皎兮，佼人僚兮，舒窈纠兮"。妇女的幽静、温柔并不是女子的天性，而是被父权制下的礼教逼迫出来的。《孔雀东南飞》："足下蹑丝履，头上玳瑁光。……纤纤作细步，精妙世无双。"这些都说明妇人以舒缓为美。

既然社会要求妇女以舒缓为美，在妇女身上采取束缚的手段也成为必然，六朝乐府诗《双行缠》："新罗绣行缠。足趺如春研，他人言不好，独我知可怜。"这个时候虽然不要求缠足，但是说明古人还是以小脚为美，但没有后世那么痴狂。到了唐代以后，赞美

封建礼教逼迫妇女缠足，并视其为美

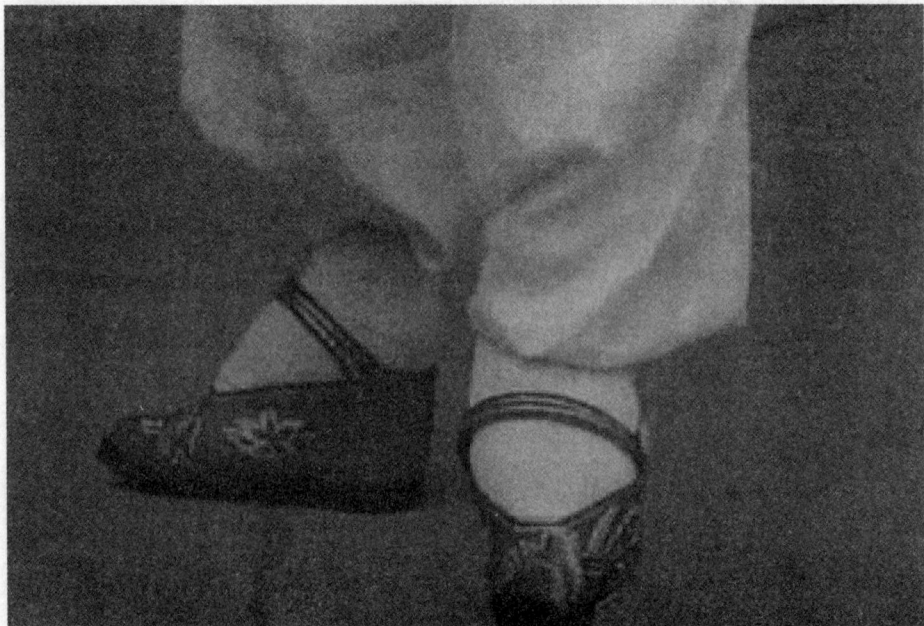

古代婚姻

女子小脚的诗有很多。白居易的"上阳人"中有："小头鞋履窄衣裳"的诗句，杜牧也有云：

"钿足裁量减四分，碧琉璃滑裹春云。
五陵年少欺他醉，笑把花前出画裙。"

缠足风气的盛行说明礼教不但从心理上使女子变形，而且在形体上也使女子变形。

五代以后，北宋大文豪苏东坡的《菩萨蛮》中说：

"涂香莫惜莲承步，长愁罗袜临波去。只见舞回风，都不行处踪。偷穿宫样稳，并立双趺困。纤妙说应难，须从掌上看。"

这说明到了宋代缠足之风已经普遍盛行了，到了元代有拿妓鞋行酒的。明代也是如此，有进无退。满人入关后，向来不裹脚，所以在康熙时禁女子缠足，违背的人把父母拿去治罪。《菽园赘谈》记载，这时的一位大员上疏，有"奏为臣妻先放大脚事"，一时传为笑柄，可见当时皇帝诏谕只不过是一纸空文。过了七年，王熙奏免其禁，民间缠足风气又一度高涨，入关的妻女，也东施效颦。乾隆的时候屡次禁止，才制止了旗人女子缠足的风气。但是汉人依旧缠足。清代有文人专门写怎样欣赏小脚的文章，把小脚分门别

北宋文学家苏东坡像

武则天的婚姻与缠足

媒婆掀起新娘的盖头

类、分级品评，叫法也很多。

妇女幼年被迫缠足的时候，备受苦楚，长大成人以后，双足像是钉上了脚镣，行走不便，所以，妇女更加依附于男子，更成为男子得心应手的玩物。缠足妇女在遭受男子的欺凌的时候，只能够逆来顺受，在遇到敌寇的时候，也只能束手就擒。也正像宫廷中蓄养宦官一样，这是一种极为残酷的违反人性的摧残和人身伤害，是文化史上和婚姻史上的糟粕和耻辱，对女性毒害极深。

古代婚姻

六　理学盛行时代的婚姻

武夷山朱熹园

宋代是一个理学出现的时代，贞节观念在这个时候也得到了强化，宋儒理学的推崇和提倡使妇女受到严酷礼教的束缚。

（一）宋理学家的贞节观

理学也称道学、性理之学或者义理之学，兴起于北宋。主要代表人物有程颐和程颢。后人又把二程和张载、邵雍、周敦颐合称为"北宋五子"。南宋朱熹继承和发展了二程的学说，并且汲取其他人的内容，加以综合，开创了强大的体系，建立了理学中占据主流地位的学派。

理学为了给封建秩序提供充分的理论依据，

继承古代儒学，融合了佛教和老子的学说，探讨了宇宙的本原、人类的本性和世界规律等哲学问题，并涉及道德、教育、伦理、婚姻等诸多领域。二程学说的核心是一套封建伦理道德学说，他们的学说基础是客观唯心主义。

周敦颐《太极图说》："乾道成男，坤道成女，二气交感，化生万物。"都是《易经》宇宙观对妇女的观念，并没有太多新的学说。从周敦颐到二程，便进入了宋儒的第三个时代，二程因为崇尚理学的缘故把古说看得太认真，对于贞节观念便严格起来。甚至提出了"饿死事小，失节事大"的观点。

妇女的"贞操"被提高到人格的高度，它直接来源与孟子的"舍生取义"思想。孟子曰："鱼，我所欲也，熊掌亦我所欲也；二者不可得兼，舍鱼而取熊掌者也。生亦我所欲也，义亦我所欲也；二者不可得兼，舍生而取义者也。"把妇女对丈夫的贞操提到义士政治上的节操，是孔子的仁学（杀身成仁、舍生取义）发展到宋代的一种退化。之所以说它是一种退化，是因为它离开了义士政治上的原则，而降低为男女关系上单方面的牺牲，只要求妇人单方面的贞操，而不惜

古代苛刻的贞操观是对妇女的摧残

古代中国汉族青年的婚姻多由父母包办

以生命为代价，把男性中心思想发展到高峰。

古代只能男子单方面提出和妻子离婚，妇女无端被抛弃，也没有权力提出离婚，本来已经非常的不合理，到了二程这里，又极力维护男子单方面休妻的特权，更是非常的不合理，更不用说是平等。

《性理大全》中有这样一段话：

问："再娶皆不合理否？"

曰："大夫以上无再娶理。"凡人为夫妇时，岂有"一人先死，一人再娶，一人再嫁"之约？只约"终身夫妇"也。但自大夫以下，有不得已再娶者，盖缘奉公姑或主内事耳。如大夫以上，

古代婚姻

白有嫔妃可以供祀礼，所以不许再娶也。

按照这种说法，表面上似乎男女平等，实际上仍然是在多妻制下为男人说话，这样就在宗法制度下，掩盖了男子的纵欲而禁止女子在独处时候的合理求偶的要求。这种男尊女卑思想是不能令人信服的，所以事实上，"饿死事小，失节事大"的观点在宋代理学初兴起的时代没有得到多少人的响应。

从北宋到南宋，经过最负盛名的集

可爱的工艺品

理学盛行时代的婚姻

077

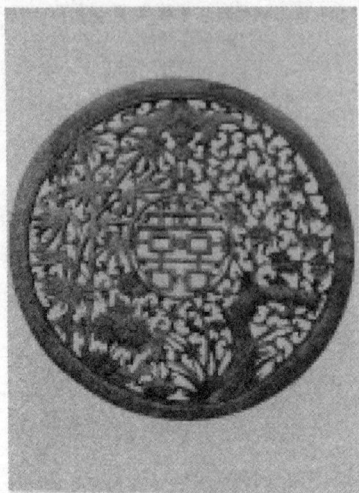
喜字木雕艺术品

理学之大成者的哲学家朱熹的宣传，特别注重对于妇女的贞节，把它说成是不可改变的真理，人人必须得遵守它，妇女改嫁更被看成是无耻的行为。

南宋以后对妇女的贞节观念比以前有所加强，礼教管束也相对更加严格，很多大家族的"规范""家训"中都有。如《郑氏规范》，对女子有禁止淫乱、禁止妒忌、禁止议论别人的要求，女子要以孝道对待姑婆，用礼相待，妯娌之间要与外界社会的关系相隔绝，而且特别从礼俗上讲究男女有别，男女之间授受不亲，对于妇女多是惩罚。这些要求使妇女处于男性的统治之下，不许妇女干涉外面的事情而受到家族的支配。对于妇女而言，是一种无法言语的精神压抑之痛。

（二）一代才女李清照的婚姻

宋代是一个昌盛的时代，不仅是经济，文化也是异常地繁荣，其中以词最为著名，在众多留下作品的词人中，有一位女词人特别引起了我们的注意，不仅是因为她的词美，还因为她"美满"的爱情婚姻，她的词美得深邃，她的经历更让人深思，她就是李清照。

李清照（1084—1155年），号易安居士，

山东济南人，父亲是礼部员外郎李格非的儿了，母亲是状元王拱宸的孙女，也算是出生在一个书香门第的家庭。李清照从小就很聪明，在这样的家庭环境下，受到了极好的教育，很有才华。十八岁的时候，嫁给了太学生赵明诚。赵明诚是金石学家，也喜欢诗词，两人有共同爱好和学术修养，情投意合，感情非常的好。赵明诚的父亲赵挺之，曾经做过吏部侍郎，后来当了宰相，所以赵李两家都是望族，李清照和赵明诚两个人又都是博学的人，他们同心同德，探求文学，

一代词宗李清照像

锲而不舍，很有成就。他们吟诗作词，共同收集整理金石书画。赵明诚有《金石录》三十卷，李清照也参与了《金石录》的编撰工作，最后还是归功于她的"笔削其间"，才得以成书和广泛流传。

李清照既有才华，又不受封建礼教的束缚。她在诗词里大胆描写了夫妻之间真挚的爱情。结婚不久，赵明诚出游，李清照于是在锦帕上写了《一剪梅》词送给他。

"红藕香残玉簟秋，轻解罗裳，独上兰舟。云中谁寄锦书来，雁字回时，月满西楼。花自飘零水自流，一种相思，两处闲愁。此情无计可消除，才下眉头，却上心头。"

之后又在重阳节那天写了《醉花阴》寄给了赵明诚，以解相思之情，得到丈夫的敬重和爱恋。赵明诚喜欢研究金石学，收藏很多，著作《金石录》到现在仍然受到学术界的重视。李清照和赵明诚有共同的爱好，这与他们有很高的文化的素质分不开的。在《金石录后序》中有记载。

他们婚姻的二十五年都过着丰富而有意义的生活。既有诗文和爱情的幸福，又有扎实的学术内容。然而好景不长，个人的生活永远要和国家的兴亡、盛衰一脉相承，随着金人的入侵，北宋的灭亡，他们的美好生活也被毁灭了。他们多年精心收集金石器物书画丧失殆尽。不久，赵明诚又在恐慌中患了疾病去世，李清照南渡之后，在颠沛流离中自己一个人度过余生。她晚年的词以《声声慢》《永遇乐》为代表，风格有所改变，词调也忧伤起来。

但是她的创作无论是私情还是写景，或写文学与政事，都能充分地表现出来，畅所欲言，丝毫没有封建社会女子的自卑感和羞涩感，在表现人的精神才力上要远远超过同时代以至前代的男女。她是一个德才都毫不逊色于男人的

李清照故居

理学盛行时代的婚姻

李清照故居

女子，是一个对爱情的忠贞炽热而得到丈夫的高度尊重，获得了幸福生活的女人。她的婚姻生活虽然因为战乱颠沛流离，时间不长，然而她是真正获得平等幸福生活的女人。可以看出，妇女自由成就的完成过程，才是其婚姻、社会地位完满结局的保障。

古代婚姻

七 贞节牌坊背后的心酸

中国传统婚礼是华夏文化的精华之一

明朝是中国历史上很特殊的一个朝代，国内进行了改革，封建伦理道德到达了顶峰，同时郑和的"七次下西洋"使中国与中亚、东非和欧洲都有了很多的交流。在儒家礼教强化的同时也出现了反对宋明理学的新的说法。因此在婚姻史上，奖励贞节，对妇女实行封建礼教压迫最盛行的时代。同时受多种因素的影响，明代也是社会淫乱之风盛行的一个时代。

（一）明朝丧失女性的约束——贞节牌坊

明朝建立之后，在千里废墟之上恢复了汉族统治的封建特权，首先采取了加强中央集权的政策。朱元璋分封给他的儿子土地造成一个有王位而没有实权的特殊阶层，以维护中央权威。政权巩固之后，又杀戮功臣来杜绝后患，废除了中书省和丞相制，设"六部"尚书，直接对皇帝负责。对外族采取剿抚兼施政策，对元朝参与势力进行征讨和招降并举，并且保全宗室禁止杀戮。

传统的中国结婚礼服

贞节的观念在秦朝的时候已经出现，在西汉的时候得到了进一步的强化与发展。到了明代，程朱理学已经占据了思想文化领域的统治地位，也进一步强化了社会的贞节观念，实行了一系列表彰节烈的制度。根据《明会典》记载，洪武元年（1368年），明太祖诏令："民间寡妇，三十以前夫亡守志，五十以后不改节者，旌表门间，除免本家差役。"寡妇守节不但自己能受到旌表，得到精神上的鼓励，还能使本家受到经济、人力上的实惠，连徭役都可以免除，形成了家庭乃至整个社会对于妇女的强大精神压力。不管寡妇个人受了多少的苦，也要去守节。在加强守节之后，明朝的统治者还开创了给节妇烈女竖立贞节牌坊的举动。牌坊是一种纪念碑性质的门洞式的建筑物，多建在庙宇、祠堂、园林、

贞节牌坊背后的心酸

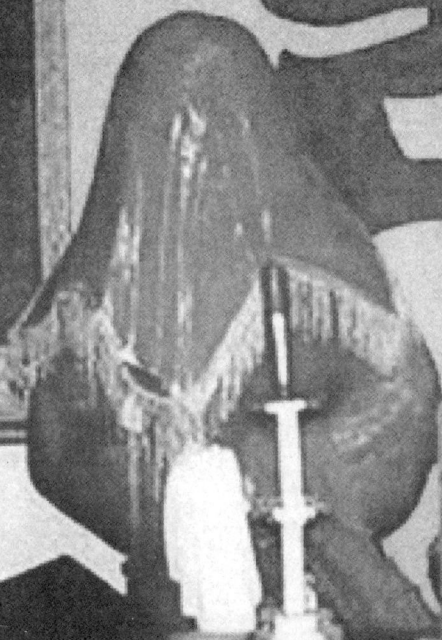

墓地和要道，以纪念名人，标榜他的功德。但是专门为寡妇建立牌坊的，前代没有出现过，所以明代出现的贞节牌坊，也算是封建礼教的一个昭示。其他的牌坊都可以当街横跨，以广阔的空间，宣德述功。但是寡妇的贞节牌坊就像它的主人一样，是孤独地立于街角旁边，仿佛在诉说着她们一生一世的血泪生活。为了这一块牌坊，妇女要付出很大的代价。三十岁到五十岁之间正是妇女的黄金时代，她们要熬过长长的二三十年，自己孤独地生活，有的还要去抚养孩子，等到立牌坊的时候，自己也老了，吃也吃不动，抱的只是一块冰冷的牌坊。

在贞节牌坊日渐增多的同时，人们对妇女节烈的要求又有了进一步的发展。不但丈夫死了之后要守节，而且订过婚的女子，没有出嫁的时候丈夫就死了还要守节。还有的女子受到别人的调戏、侮辱，也总要去寻死。贞节在当时几乎变成了迷信和教条，在妇女之间互相传诵。明代二百多年间，记载的节妇烈女就达到了二千五百余人，大约是以前的二十倍，没有记载的更是不计其数。人们把贞节看得比妇女的

贞节牌坊

贞节牌坊背后的心酸

贞节牌坊记录了一个女人的辛酸

生命还要重要，妇女的生命，只不过是第二生命，贞节却是第一生命。另一方面，寡妇改嫁也要受到社会的指责。

由于女子守节可以立牌坊，而且还可以免除本家的徭役，便有一些人无端干涉寡妇的改嫁，强迫她守节。更有一些人，为了贪图荣利，将寡妇的年龄虚报。针对这种情况，明宪宗于成化元年（1465 年）奏准："如有扶同、妄将夫亡时年已三十以上，及寡居未及五十妇人，增减年甲举保者，被人首发或风宪官覆勘得出，就将原保各该官吏并委官里老人等，通行治罪。"因寡妇守节而造假作弊，可见礼教的虚伪性。所以民间有个"贞节牌坊"造好了，节妇和造牌坊的石匠私奔的故事，真的是对于封建礼教的讽刺，更是人性的不可压抑的直接体现。

（二）明末江南才女文化的兴起

虽然中国古代社会是以男权为统领的社会，但是不可否认的是，女性在整个社会发展过程中，也有不可磨灭的作用。关

封建社会的婚俗礼仪讲究很多

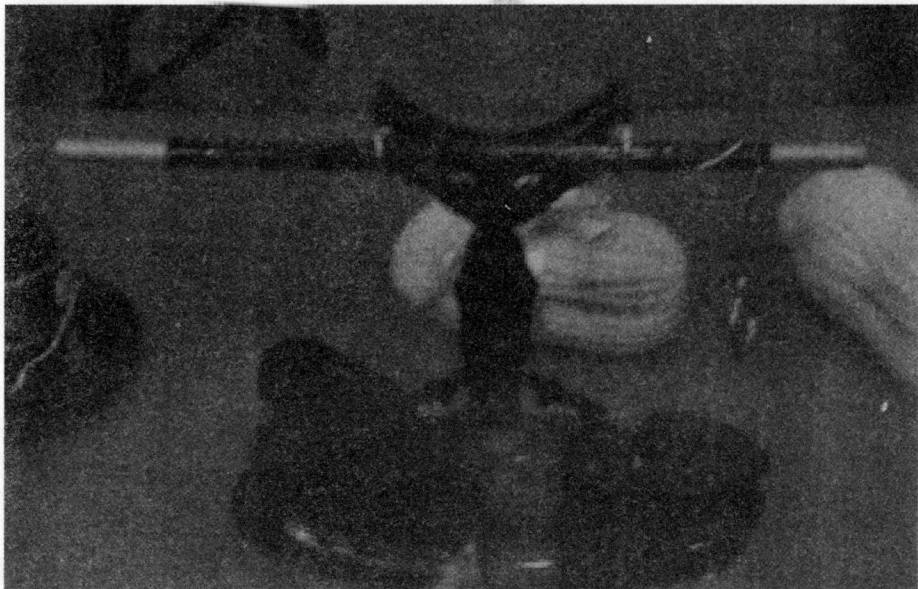

贞节牌坊背后的心酸

黄媛介像

于她们的记载，在明代也渐渐多了起来。

闺秀与名妓是两大对立的才女阵营。二者因出身背景、家庭地位有很多相似的地方。但是在明朝，闺秀文化开始逐渐融合，除了历史、文化的原因外，与一些兼具名妓风采与闺秀德行的才女的沟通有重要关系，黄媛介就是充当沟通两种文化桥梁的著名才女。

黄媛介，字皆令，浙江秀水人，杨世功的妻子。她的作品有《南华馆古文诗集》《越游草》《湖上草》《如阁漫草》《离隐词》等等，毛奇龄还记录其有《梅唱和诗钞》。这些作品大多流失，目前流传下的只有《湖上草》、《黄皆令诗》以及零星的诗文。黄媛介出身于书香门第，是一个典型的闺秀才女，与她来往的有王端淑、王静淑、吴山、沈纫兰等当时社会上的才女。她们的作品还被编成了《名媛诗纬初编》，流传于后世。

在伦理要求严格的明代社会，竟然有这样的一些才女，她们能够结社，虽然只是小型的、相互之间的慰问，并且有自己的作品留下来。这是社会对于女性的另外一种态度。

八 封建社会末期婚姻的变化

新婚仪式

清代是中国封建社会的最后一个王朝，在婚姻习俗上保持了某些原始形

（一）孝庄文皇后下嫁案

孝庄文皇后原来是清太宗皇太极的皇后。皇太极死了以后她为了巩固清初的政权，保存儿子（顺治）的皇位，曾下嫁多尔衮。关于这件事情野史上记载很多，但是正史上却没有明确的记载。

满族的习俗和蒙古族一样，父亲死了之后儿子和他的后母、兄弟死了弟弟和他的嫂子在一起是很平常的事情。特别是在皇权继承的问题上，更是很重要。所有的事物都是要一分为二来看待的，但是这样的一个风俗，在另外的一个方面却能成就妇女在政治事业方面的成就。

孝庄文皇后一生辅佐了三个皇帝，丈夫皇太极，儿子顺治，孙子康熙，对于清代初期政权的稳固有很大的影响。孝庄文皇后出生于蒙古贵族，从小就受到了良好的教育，有蒙古民族的豪爽，又因为精通经史，又有汉族人细腻和智慧。她的主要功绩在于教育、辅佐两代幼君，在重大政治、军事上的举措上，有超乎一般男子的魄力。

孝庄文皇后平时教子有方，要求顺治帝努力学习汉文化，团结满汉大臣，选举贤能，惩治贪官污吏，大力提倡节俭，赈济灾民。康熙帝八岁登基，尊孝庄文皇后为太皇太后。十岁的时候生母去世，孝庄将他收养在慈宁宫，亲自抚育，全力辅佐。为了国家的长治久安，她常常彻夜不眠。"三藩之乱"爆发之后，孝庄太后时刻注意局势的发展，寻找应对的策略。为了赢得胜利，她多次散发宫中库银，犒赏前方的将士，大大鼓舞了士气。

孝庄文皇后一生深谋远虑，励精图治，

孝庄文皇后像

封建社会末期婚姻的变化

孝庄文皇后陵寝一昭西陵

在稳定清宫室内部矛盾和社会秩序、巩固国家政权的统一和抵御强敌上，都做出了杰出的贡献。她不仅是中国历史上一位杰出的女性，也是中国历史上一位卓越的政治家。孝庄文皇后自身有很大的才能，更加重要的是，在中国古代等级和制度森严的封建社会，她能够付诸于实践，成就了自己，成就了国家。

（二）太平天国的妇女运动

在满清后期，太平天国农民起义是中国历史上一次规模较大、影响较深的革命运动。这次革命在婚姻家庭和妇女问题上都提过一些进步的主张。

太平天国农民起义历经十余年，在这次革命中，起义军所推行的政治、经济和文化纲领，比历史上任何一次农民起义都更进步、更彻底。男女平等是太平天国的纲领之一，在这个基础上，对婚姻家庭制度作了不少的改革，妇女运动有了相当的发展。

在金田起义之前，洪秀全就说："天下多男人，尽是兄弟之辈；天下女子，尽是姐妹之辈，何得存疆彼界之私，何可起尔吞并我之念。"在婚姻问题上，太平天国主张凡是人民婚姻不以钱财为标准，婚娶所用的钱粮，一切都由国库供应。还颁布了许多禁止纳妾、禁止买卖奴婢和取缔娼妓的命令，并且还贴告示宣布，一夫一妻是理所当然的。

在婚姻的问题上，太平天国主张取消过去的繁文缛节，代替以简单的宗教仪式。《天朝田亩制度》说："凡两司马办其二十五家婚娶、吉、喜等事，总是祭告天父上主皇上帝，一切旧时歪例尽除。"后来从太平天国文物中所发现的"合挥"，就是类似于我们今天

《天朝田亩制度》

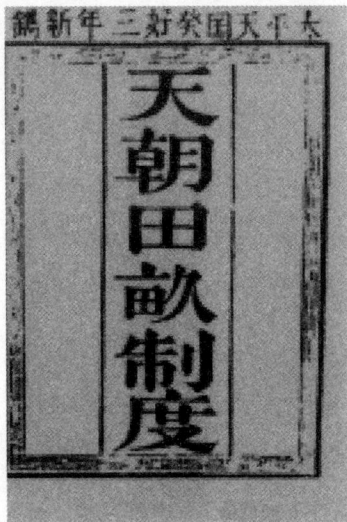

封建社会末期婚姻的变化

太平天国时期的结婚证书—合挥

的记事簿。上面记载了婚姻当事人的姓名、年龄、籍贯，由政府发给双方收藏，类似现在的结婚证书，从而使婚姻得到国家的保障，这在我国历史上还是很进步的。

在家庭生活中，太平天国也作出了不少值得称颂的改革。政府采取了很多措施，把妇女组织起来，使她们突破旧的家庭牢笼，直接投入到社会劳动之中去。建都天京（今南京市）之后，颁布了禁止缠足和提倡放足的命令，用政府的力量来废止这一长期摧残妇女的恶习。

经济上，《天朝田亩制度》规定："凡分田，照人口，不论男妇。"主张妇女和男子有同等的土地所有权。政治上，太平天国设有女官制度，朝内女官设正军师、副军师、又副军师各一名，六官正副丞相各两名；检点、指挥、将军等等人数更多。此外，还设有绣锦的指挥、将军、总制、监军等职位，组织妇女进行生产。洪秀全定都天京之后，女军建制为四十军，约十万人。就当时的情况而言。女军是战争中不可缺少的力量，根据当时的记载，女军在永安突围，进攻桂林，奔赴扬州，在守卫镇江等著名战役中，英勇善战，使敌

雕刻精美的木制花轿

人望而生畏。从文化上来看，太平天国曾经开了女科，通过让女子参加的科举考试制度来促进女子教育的发展。

显然，太平天国对待婚姻和妇女的政策是和西方的影响分不开的。在当时的社会背景之下，在婚姻方面这样大胆地改革，说明了旧式婚姻已经成为了人们感情生活的枷锁，必须予

封建社会末期婚姻的变化

各地的风俗不同，花轿样式也
不同

以去除。当然，太平天国的妇女运动和在婚
姻制度上的改革有它阶级和时代的局限性，
他们对于男女的关系上还保留着不少旧的意
识。但是，它却在我国婚姻、家庭和妇女运
动的历史上写下极为光辉的一页。这是对于
旧的婚姻制度的一次暴风雨式的打击，是我
国近代妇女解放运动的开始。

古代婚姻

九 古代婚姻的礼俗变迁

精致大气的木制花轿

古代婚姻

在中国古代，婚姻是"合两姓之好"，从而完成"上以事宗庙，而下以继后世"的重要功能，男女的婚姻，完全是在"父母之命，媒妁之言"的操纵下实现的。当事的男女双方往往处于被动的境地，任由他人摆布。而古代女性在婚姻中的地位和权力就更加微乎其微，她们也就常常成为各种各样的婚姻悲剧中的主要的受害者。

女性在古代家庭中的地位微乎其微

女子结婚的年龄

唐人杜佑在《通典》中说："太古，男五十而室，女三十而嫁。"这种说法，于情于理于史实，都可以说是没有证据的，纯属主观臆断。《周礼·地官司徒》的说法较《通典》说法要低很多，它认为周代"令男三十而娶，女二十而嫁"。而战国时期的墨子则说："丈夫二十毋敢不处家，女子十五毋敢不事人。"这种说法，可以说是基本符合中国古代的历史事实。根据人们统计的历法定结婚年龄，可以得到如下数据：

"齐桓公令男二十而室，女十五而嫁；越王勾践令男二十而娶，女十五而嫁；汉惠帝令女十五以上至三十不嫁，五算；唐太宗令男二十以上、女十五以上必须嫁

古代婚姻的礼俗变迁

结婚时新娘所佩戴的花帽

娶；宋仁宗令男十五而娶，女十三而嫁；明太祖令男十六而室，女十四而嫁；《大清通律》令男十六而娶，女十四而嫁。"

由此可见，历代法定的女子结婚年龄大约在13—17岁之间。考察历代社会，这个规定的婚龄与具体实际是基本相符的，如汉代的班昭，就在14岁结婚；晋代的节妇严宪、龙怜，都是在13岁出嫁；唐代长孙皇后，13岁嫁给了李世民等等。历代文学作品中言及妇女婚龄，也透漏出同样的信息。如李白《长干行》中就说："十四为君妇，羞颜未尝开。"崔颢《王家少妇》也说"十五嫁王昌"。旧小说和戏剧中提到女子求婚时，常说"年方二八"，说明 16 岁是古代人们认为女子结婚的最佳年龄段，而一旦过了十七八岁还待字闺中，就已属于大龄了。白居易《续古诗》中写道："无媒不得选，年忽过三六。" 18 岁还没有嫁出去，就已经十分着急了。

不过各地的风俗和各阶层的习惯也是有所不同的。如《燕京杂记》等书记载，清代北京就流行比法定婚龄更早的早婚现象，往往是"女子十三辄嫁"。而帝王之家，由于各种特殊原因，也流行早婚。汉昭帝上官皇后被立时，"年甫六岁"；汉平帝娶王莽之女，男女双方都是年仅九岁；南朝梁简文帝皇后八岁拜为王妃，等等。而唐宋元明清各朝皇室，也有不少皇后、妃嫔在十岁左右就出嫁为妇。皇室早婚的原因，主要是由于小皇帝的经常出现，为了配合其威仪礼节，而形成此种现象。

法定婚龄早的婚姻，对女性而言，便是所谓的"童养媳"。据研究，童养媳的现象至迟在宋代就已经出现了。当时，许多贫寒人家无力养活子女，便将其女儿早早就许配人家，送到夫家养大后再成婚，

旧时女性一生只坐一次花轿

古代婚姻的礼俗变迁

称为"养妇"。与此同时，夫家虽要养活女孩，却也为日后省却一笔聘礼，而且还可将其当婢女使唤，所以也愿意做此买卖。据史料记载，这种养妇的生活极为痛苦，"饮食每至不周，鞭棰在所恒有，饮恨吞声，宛转而死者比比然也"。

婚龄方面值得注意的，还有女方长于男方的现象。根据前述官方的规定，南方婚龄一般长于女方1—5岁。但是，由于一些缺少劳动力的人家希望媳妇及早进门劳动持家，所以明清时期流行女方年龄大于男方的婚姻习俗。明代小说《金瓶梅》第七回引用了一段当时的民间俗语说："妻大两，黄

男家设宴款待前来贺喜的亲朋

古代婚姻

凤冠霞帔

金日日长；妻大三，黄金积如山。"可见，当时人们将妻子大两三岁视为发家致富的门道。而一些农村地区更发展到极端，竟为未成年的幼童娶成年的女子为妻。清代时，南北方许多地区都曾盛行这种陋俗。由于年龄悬殊，生理不相称，感情不融洽，妻子往往痛苦万状、不堪忍受。一首流传后世的民谣诉说了这种感受：

　　十八岁的大姐周岁郎，

　　每天晚上抱上床。

　　睡到半夜要奶吃，

　　劈头脑，几巴掌，

"我是你妻子，不是你娘。"

井里开花不露头，

妻大郎小夜夜愁；

等到日后郎长大，

奴家已经白了头。

亲妈呦！

（二）结婚的礼仪

古代的婚礼，一般声势、场面较大，其目的在于广泛告谕人们，以示其合法。而不举行这种婚礼，男女结合就是非法，得不到人们的承认。

与此同时，举行婚礼还有一层意义，就是确定新娘在新郎家的资格和地位。只有举

结婚时女方要随带很多财物，叫"陪嫁"

古代婚姻

106

行过婚礼，新娘才算是新郎家的正式成员，她在家庭中的地位才正式明确下来。

古代的婚礼，主要有六项，也被称为"六礼"。六礼的内容在先秦时就已基本成型，秦汉以后逐渐成为定制。所谓"六礼"，主要有：

1. 纳彩。所谓纳彩，就是采择，意思是男子选择妻子。男方选定某女，便让媒人去试探女方。一旦女方家长同意，便收下男方送来的采择之礼。彩礼因时因人而异，但一般有羊、雁、钱、米等物，羊有祥之意，雁有从之意，都是为了取一个好口彩。纳彩时还有一定的礼仪，由主人、

河上的婚船

古代婚姻的礼俗变迁

媒人参与。

2. 问名。纳采仪式结束后，便向主人问女儿之名。主要问女方的生辰八字，为了方便进行占卜。

3. 纳吉。古人结婚，都要郑重地占卜，以定吉祥之日。自宋代以后，占卜的形式逐渐被废除，而变成以男女的生辰八字算卦订婚。

4. 纳征。征就是"成"的意思，纳征以后婚姻就算成立了。用作纳征的礼物有玉石、金银、衣服、鸟兽、酒食等，并因人、因地、因时而定。纳征之后，一般要订立婚约，由媒人介绍，保人担保。有时，婚约还要报于

我国古代婚姻制度森严

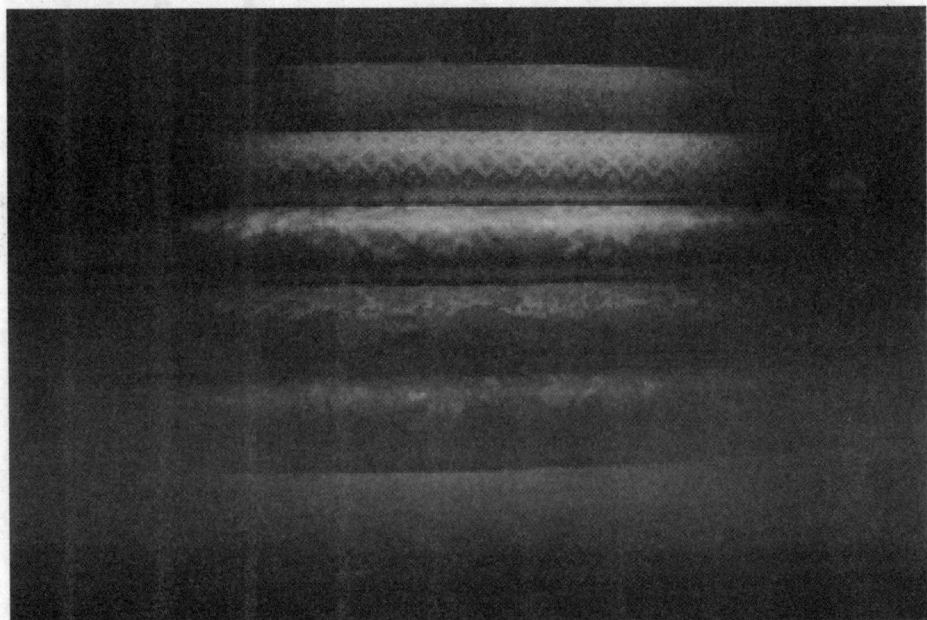

古代婚姻

官府，以强化婚约的严肃性。婚约一旦订立，男方便可"择日成亲"。

5. 请期。所谓请期，就是男方择定结婚日期，告于女方家。用请字，只是表示客气而已。当然，如果男方确定的日期对女方有所不便，一般也可以商量另定日期。

6. 亲迎。亲迎就是新郎在约定的时间，亲自到女方家迎接新娘。《礼记·婚义》对"亲迎"做了介绍："子承父命以迎，主人筵几于庙，而拜迎于门外，婿执雁入，揖让升堂，再拜奠雁，盖亲受之于父母也。降出御妇车，而婿授绥，御轮三周先俟于门外。妇至，婿揖妇入。"

请柬

上述"六礼"是礼制上的规定，是历代上层社会中结婚所遵循的制度。不过，由于它过于烦琐，所以即使是在上层社会中，人们也不能毫厘不爽地实行，而往往是将其中的一些内容加以合并简化。至于下层社会，在礼制上虽也遵循此种制度，但简化的程度更加明显。从明清小说所反映的情况来看，当时人们的结婚礼仪，最为重视的是"订婚"和"亲迎"以及"拜堂"。其余内容，则合并起来由媒人帮助处理。

从古书的记载来看，在六礼之外，古

代结婚礼仪还有同牢、妇见舅姑、庙见、反马等重要仪式。这里也略加介绍。

1. 同牢。所谓牢，就是祭祀用的牺牲品；所谓同牢，就是新婚夫妇共用一份食品，以此象征夫妇结伴同体，牢不可分。

2. 妇见姑舅。姑舅，是古代人们对公公、婆婆的称谓。新妇拜见姑舅之礼在亲迎的第二天举行。届时，新妇要将姑舅梳洗打扮一番；要以猪肉进食于姑舅，姑舅则以酒食招待新妇。俗话说："丑媳妇也要见公婆"，可见此事的重要和不可避免。唐代诗人朱庆余写有一首借新妇见姑舅描写考生见考官的心理的诗，诗中说："洞房昨夜停红烛，待晓堂前拜舅姑。妆罢低声问夫婿，画眉深浅入时无？"

新妇见姑舅的惶恐心理，可见一斑。

3. 庙见。就是新妇去祖庙祭拜祖先。庙见是结婚中的重要礼仪，以此告达祖先。庙见之后，新妇才正式取得家庭成员的资格。其时间一般在婚后三日。如果未举行庙见就死去，则新妇还要归葬于母家坟地。

4. 反马。反者，返也。反马，就是返还新妇从娘家带来之马。古时，从亲迎到庙见，原为三个月。这期间为婆家对新妇

红盖头

古代婚姻的礼俗变迁

111

花轿

的考验期，如不合格新妇可乘马返回娘家；考验
合格，则返还其马，以示新妇不复归。后来，庙
见时间改在新婚后三日，反马时间也就随之改为
婚后三天。

（三）父母之命，媒妁之言

在古代，按照礼法，女子的婚姻大事，自己
是无权过问的，一概由父母和媒妁包办。这种情
况早在先秦时期就已出现了。一旦哪位女子斗胆
自己找对象，其结局将是十分悲惨的。如《墨子公

孟》中就说："譬若美女，处而不出，人争求之；行而自衒，人莫之取也。"至于为何婚姻大事一定要由父母媒妁包办，古人也有明确的说法，《白虎通·嫁娶》中介绍说："男不自专娶，女不自专嫁，必由父母，须媒妁何？远耻防淫佚也。"

对于子女的婚姻大事，依礼法父母都有发言权。但在封建的"夫为妻纲"规定下，此权力最终都集中到了父亲手中。如据《史记·高祖本纪》记载，刘邦在未发迹时，吕雉的父亲看好他，愿将女儿许配给他，但吕母极力反对，吕公却说：这不是女人懂得的事。终将女儿嫁给刘邦。倘若父母不在，则须由兄长或其他家长做主。另外，在婚姻中扮演重要角色的便是媒妁。所谓"媒妁"，就是谋和、斟酌二姓的意思。由于现实生活中，媒妁多由中年女性担任，故后世人们又称媒妁为"媒婆"。谚语中说"媒婆媒婆，两家说合"，简明扼要地说出了媒婆工作的中心内容。

汉高祖刘邦像

（四）择偶标准的变化

所谓"父母之命，媒妁之言"，是历代社会中的正统观念和主流习俗。不过，在古代，女子在婚姻上并非毫无决定权。尤其在封建

古代婚姻的礼俗变迁

古时，新婚之夜有听房的习俗

礼教束缚相对松弛的时代和地区，父母为女儿择偶时往往要征求并尊重其选择，或者完全听任女儿的决定。后代，礼教的影响和束缚日渐加剧，父母代女儿选择夫婿，同样有一个选择标准问题。总之，无论是女子自己选择，还是父母代为选择，择偶的标准总是明确的。由此形成了一个择偶标准的变化轨迹。

从先秦的情况来看，人们对男性对象的选择，注意其丈夫气概和养家糊口的能力。如《左传》昭公元年记载了郑国贵族子南与子皙争娶一女，双方相持不下，最后由女子自"房观之"以选择夫婿的故事。最终的结果，白面小生子皙竟黯然失意，而展示武力的子南则受到青睐。这是因为，在那位长期以来接受"男女有别""夫妇有别"观念熏陶的女子看来，"子皙信美也。抑子南，夫也。"可见，在当时人看来，男人就该孔武有力，才称得上丈夫；而"绣花枕头"应属女性的专利，男人一旦染上此习，则不足称道了。又如孔子在为自己的女儿和侄女选择夫君时，也在这一观念支配下，充分权衡被选择者的生存能力。《论语·公冶长》对此的记载也说明了这一点。

孔子像

可见，在孔子看来，只要丈夫一世平安，即可保证女人平安一世；而女性的幸福与否，完全系于男性之身。此外，在先秦时期的上层社会中，以婚姻进行政治交易是一种普遍现象。在此过程中，女子便是礼品、贡物或人质。如春秋时期的秦晋之间，世代通婚，后人称为"秦晋之好"。然而，一个秦国女子怀嬴，便因为政治的需要，被她的父亲先后嫁给晋国两位公子。显然，政治的需要成为选择配偶的唯一标准，其余均不在考虑之列。

政治联姻的现象一直持续到后代。由于政治形势的变幻莫测，政治局面翻云覆雨，便有许多古代女子的青春和梦想被险恶的政治婚姻所葬送。

除政治婚姻外，以门第缔结婚姻是一种

古代婚姻的礼俗变迁

现代人按古时礼仪举行的中式婚礼

常见的婚姻形态。在此情形下，门当户对成为婚姻的基本条件。这种情况，在魏晋南北朝直至隋唐时期，由于门阀观念的盛行，表现得最为明显。不仅良民、贱民之间不通婚，高门士族和寒门庶族之间也绝少联姻。当此之时，男女的婚姻，家长往往只考虑对方的门第，其他几乎不予考虑。流风所及，高门女子，也就以下嫁寒门为耻。据说唐朝的一个姓吉的权贵，出身寒门，他依仗权势逼娶名门崔敬之女，崔女不从，竟躺在床上不肯上车。最后，崔敬的小女儿抱着舍身救父的念头替姐姐嫁到吉家去。与此同时，由于高门士族的穷困潦倒，又出现了高门利用其门第换取寒门财货的"卖婚"现象。高门与卑姓联姻，卑姓要拿出大量聘礼补偿高门的"损失"。这种盛行一时的现象，在唐代被人们称为"赔门财"。

以财富论婚更是古代社会的普遍现象。在汉代，人们娶妻聘女都要花费大量的钱财货物，许多人家往往因为嫁送女儿，搞得倾家荡产，所以当时就流行有"盗不过五女门"的说法，可见这种现象的普遍程度。唐代这种现象同样十分普遍，唐末诗人元稹《代九九》一诗说："阿母怜金重，亲兄要马骑；把将娇小女，嫁与冶游儿。"进入宋代以后，由于门阀观念的淡漠，钱财货物便成为人们缔结婚姻首先要考虑的因素。宋代人司马光就曾尖锐指出："将娶妇，先问资妆之厚薄；将嫁女，先问聘才之多少。"到了明清时期，这种现象有过之而无不及。从史料的记载来看，明代有女儿的家庭，常常要变卖家产才能嫁走女儿。富家生女都苦不堪言，贫家更是不敢生养女儿。在这种情况下，许多地方便盛行溺杀女婴的恶俗。

与此同时，从女方的角度来看，历代女性对男方的面相、仪表、品行、才智、武艺等，始终比较重视，是其择偶中考虑的重要因素。

迎娶新娘

婚礼上的娱乐活动

古代婚姻的礼俗变迁

尤其是唐宋以后，由于科举制的实行，中举的文士更成为女子和有女子的家庭追逐的对象。宋代，甚至出现了颇有戏剧效果的"榜下捉婿"的风气，就是每年皇榜一出，豪门富户便争相抢夺新科进士为婿。清代才子张问陶的妻子林佩环有诗云："修到人间才子妇，不辞清瘦似梅花。"真实地反映了当时女性对才子的崇拜和迷恋。也正因为如此，在古代便有了"才子佳人"的说法，而"才子佳人"的爱情模式也便成为人们艳羡的婚姻模式。

（五）离婚与改嫁

汉人刘向《列女传》中说："夫妇之道，有义则合，无义则去。"由此可见，在古代，夫妇

中国古代男女婚姻，双方家族必须门当户对

古代婚姻

之间因无义而离婚的现象，是被人们所认可的。尤其是唐代以前，离婚是比较常见的现象。然而，在男尊女卑的社会背景下，男女双方离婚的权力并不平等。在先秦就已出现了后来被写进法律条文的"七出"，它是保证男子"出妻""休妻"权力的重要证据。

所谓"七出"，就是七种可以休掉妻子的原因。它包括：无子、淫佚、不事舅姑、口舌、盗窃、妒嫉、恶疾。妻子如果犯了七种中的任何一种，丈夫就可以休掉她。不过，"七出"还有附加条件，即"三不去"，包括：曾为公婆服丧、娶时贫贱后来富贵、有来处无归处。有上述三种情况之一，即使犯了"七出"，也不能休弃。如果说"七出"完全无视女方的权力，"三不去"则多少对妻子的权益有所保障。

从历史记载来看，先秦时期男子休妻是普遍现象，正如《韩非子·说林上》中卫国一位母亲所说的那样："为人妇而出，常也；其成居，幸也。"以先秦诸子为例，孔子祖孙三代都曾休妻，其他如曾子、孟子、尹文子等，都曾因为这样那样的小事而休其妻子。其后，历代都有休妻的事例。其中，为人们所熟知的"弃妇"有汉乐府名篇《古诗为焦

古代对刚入门新媳妇的仪态要求非常严格

古代婚姻的礼俗变迁

绣球是中国民间常见的吉祥物

仲卿妻作》中的刘兰芝，南宋诗人陆游的前妻唐婉等。她们遭遗弃的原因令人同情，她们的故事更是催人泪下。

不过，在唐代以前离婚较为常见的背景下，也有不少女方或女方家庭主动离异的现象。据说，西周时的姜太公就曾被妻子遗弃。

与唐代以前离婚较为普遍的现象相适应，妇女再嫁也同样常见。正如学者所说："唐宋之前，妇女离异再嫁或夫死再嫁的事例多如牛毛、举不胜举。流风所及，后妃中也有不少再嫁妇女。如汉文帝之母薄太后、汉景帝王皇后、晋元帝郑后、宋真宗刘后等，都是再嫁之妇。至于公主们，更是依仗其特殊身份，顺利改嫁。众所周知，唐代的公主以改嫁而闻名于史，据说在记载较全的唐代前中期的 98 位公主中，就有 27 位再嫁，其中还有 4 位三嫁。

但是，宋代以后社会风气大变，丈夫休妻被视为丑行，人们轻易不敢休妻。同时，妇女再嫁也逐渐受到非议，被人们视为耻辱。到了明代，典制甚至明确规定，皇室之女不得改嫁。

古代婚姻